すぐ実感！

「マイナス10歳」カオキン体操

ほうれい線、目のたるみが
みるみる消える

国際医療福祉大学三田病院 准教授
加齢画像研究所ＯＮＩ 所長
Itsuko Okuda
奥田逸子

青志社

すぐ実感！

「マイナス10歳」カオキン体操

国際医療福祉大学三田病院 准教授
加齢画像研究所ONI 所長
奥田逸子
Itsuko Okuda

青志社

装丁・本文デザイン　岩瀬　聡

プロローグ

マスクをつけて顔が一気に老けた

そんな悲しい話を聞く機会が増えました。コロナ禍の飛沫感染予防では、マスクを着けざるをえませんが、マスクを取った顔が以前と変わってしまっていることがあるのです。長らく続いたマスク生活で老け顔になってしまうとは……。コロナ禍は、「美」にも影を落としています。マスクによって皮膚の下ではとんでもないことが起こっています。中には、疲れた身体に鞭打ってフェイスリフティングのマッサージを一生懸命行っても、「老け顔がなおらないわ！」と嘆く方もいました。マスク着用の老け顔は、それほど根強いダメージをもたらしているのです。

では、なぜ**マスクを着用していると老け顔になるのか**、ご存知でしょうか。次の3つのキーワードが関係しています。

①動かさない　不織布《ふしょくふ》マスクは、鼻から頬にかけて固定するワイヤーや、頬とマスクの隙間からウイルスなどの侵入を防ぐために、顔に密着するように設計されています。顔に密着するということは、マスク内の皮膚を動かしづらいということになります。

コロナ感染予防でマスクを二重に着用していると、さらに皮膚を動かしづらくなります。その結果、皮膚の下の組織も動きが悪くなります。

②話さない　飛沫予防のため、コロナ禍では公共の場では会話を控えめにすることが求められています。

マスク着用で、3密回避のために人との距離をとって会話は控えめ。つまり、話す機会や時間が減ったのです。話さないということは、①の顔を動かさないことに拍車をかけます。

③無表情　マスクを着用していると、相手に表情が伝わりにくいといろいろな機関で研究報告されています。相手に表情が伝わりにくいので、表情を作らなくてもよいということになります。

■マスクによって皮膚の下でとんでもないことが起こっています！

長時間のマスクの着用では、顔を動かさない、話さない、表情を作らないという①～③が続きます。コロナ禍は昨年来続いていますので、無意識のうちに、①～③に陥ってしまっている人が増えているのではないかと懸念しています。

動かさない、話さない、無表情でいると、顔を動かす表情筋と、表情筋と連動している表在性筋膜（SMAS／スマス筋膜）の働きが弱くなります。さらに、その下の脂肪組織も変化します。それが老け顔の最大の原因です。

たとえば、コロナ禍の「非常事態宣言」や「まん延防止等重点措置」によって外出の機会や運動の機会が減り、以前にも増して運動不足になられた方がいます。身体を動かさずにたくさん食べてしまうと、当然のことながら、お腹周りに脂肪がつきます。腹筋が鍛えられたお腹と比較すると、お腹周りの皮膚も脂肪と一緒にたるむでしょう。このお腹のような状態が顔にも起こるのです。

ご自身のお顔をチェックしてみてください。

目の下の袋状のたるみ、垂れ下がった頬、ほうれい線、二重あご……。

それらの部分を指で押すと、ぷよぷよ～としていませんか？ そのぷよぷよは皮下にたまった脂肪組織といえます。

お腹のたるんだ脂肪も、垂れ下がった頬も、皮下の脂肪組織が偏って集まった結果、たるんで見えるのです。太って脂肪の量が増えれば、お腹はどんどんたるんでいきます。さらに太れば、内臓脂肪が増えることで外に出っ張ってきます。逆に、痩せて脂肪をなくせば、お腹のふくらみは減ると考えられますが、顔の脂肪組織は、それほど単純な仕組みではありません。単に体重が増えた減ったということだけで、お顔のたるみは左右されないのです。

年を重ねると、痩せている方でも頬はたるんできます。太っていなくても、表情筋や表在性筋膜、脂肪組織の変化は起こります。マスクを着用してしゃべらないことで、表情筋などが薄くなります。さらに加齢で皮膚の厚みや弾力も減少することで、痩せていても、顔の脂肪組織はたるんで重力に導かれて下に下がってしまうのです。

「私は大丈夫」と思われている方も、ぜひ第1章の老け顔チェックにチャレンジしていただきたいと思います。

老け顔の最大の原因といえる表情筋と表在性筋膜の衰えに伴い、脂肪組織の変化、

さらには皮膚の老化は、誰にでも起こりえます。なぜなら、実はそれらの組織はとっても微細な構造をしているからなのです。

表情筋は、眼輪筋《がんりんきん》や大頬骨筋《だいきょうこつきん》、広頚筋《こうけいきん》など、30種類近くもの筋肉から成り立ち顔全体を覆っています。その厚さは、わずか1ミリ未満〜数ミリ程度のものが多く、とても薄いのです。つまり、衰えやすいといえます。

ＳＭＡＳ筋膜とも呼ばれる表在性筋膜は表情筋と表情筋をつないでいるので、表情筋が衰えると表在性筋膜のハリが減少し、表在性筋膜が衰えると表情筋が衰えるといった負のスパイラルに陥ります。その負の連鎖によって、表情筋の働きの低下↓表在性筋膜の衰え↓皮下の脂肪組織の変化へとつながり、目の下や頬がたるみ、ほうれい線や二重あごが生じることになるのです。

全身の脂肪組織も同様ですが、脂肪が皮下でハリを持ち均等についているとたるみにはなりません。お子さんの皮膚は、柔らかくて弾力があるでしょう。理想的な脂肪のつき方をしているからです。

顔にはこんな大切な表情筋が存在しています。

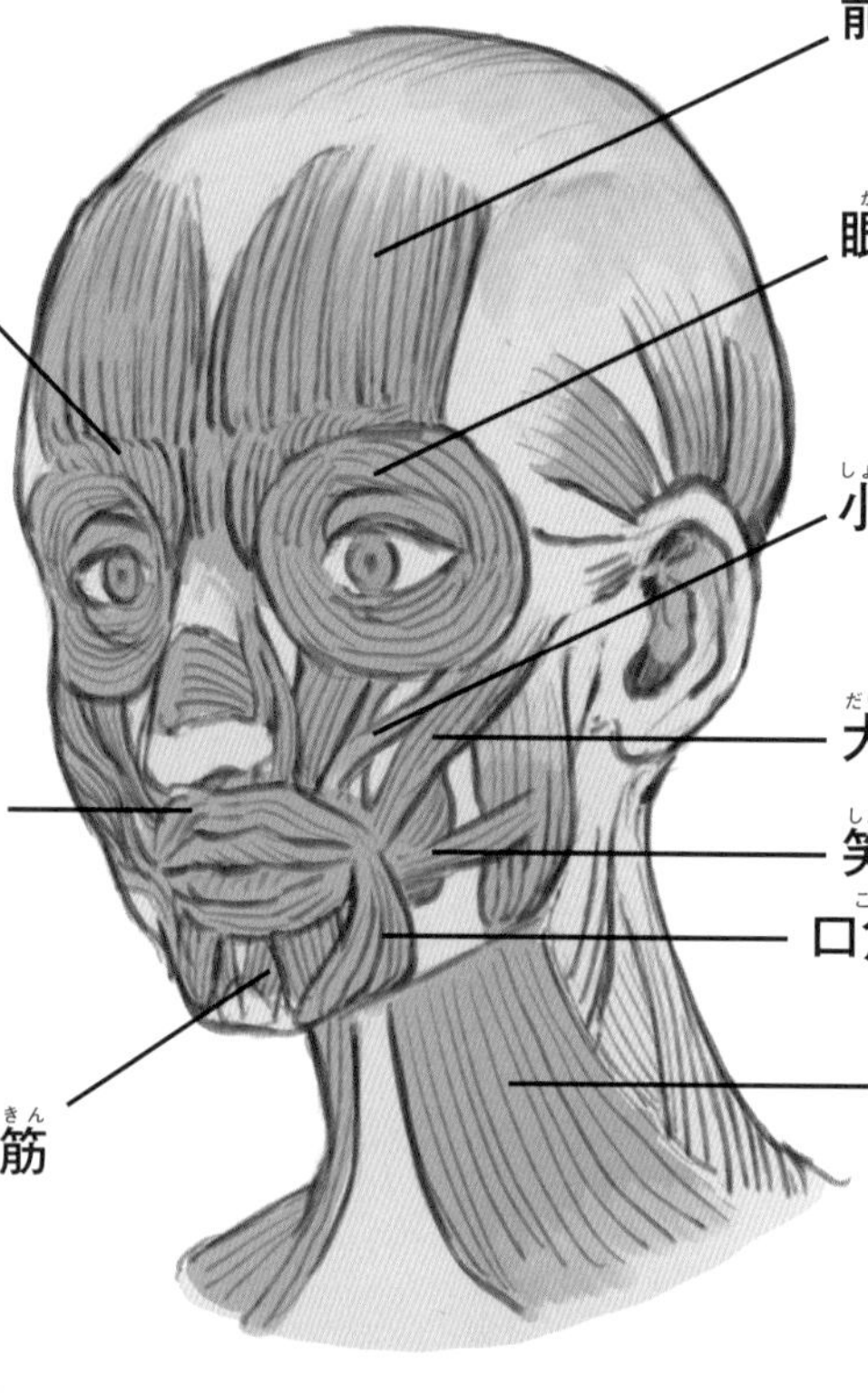

表情筋は、眼輪筋《がんりんきん》や大頬骨筋《だいきょうこつきん》、広頚筋《こうけいきん》など、30種類近くもの筋肉があります。表情筋や表在性筋膜を鍛えれば、脂肪組織のたわみなどの改善が期待できます。

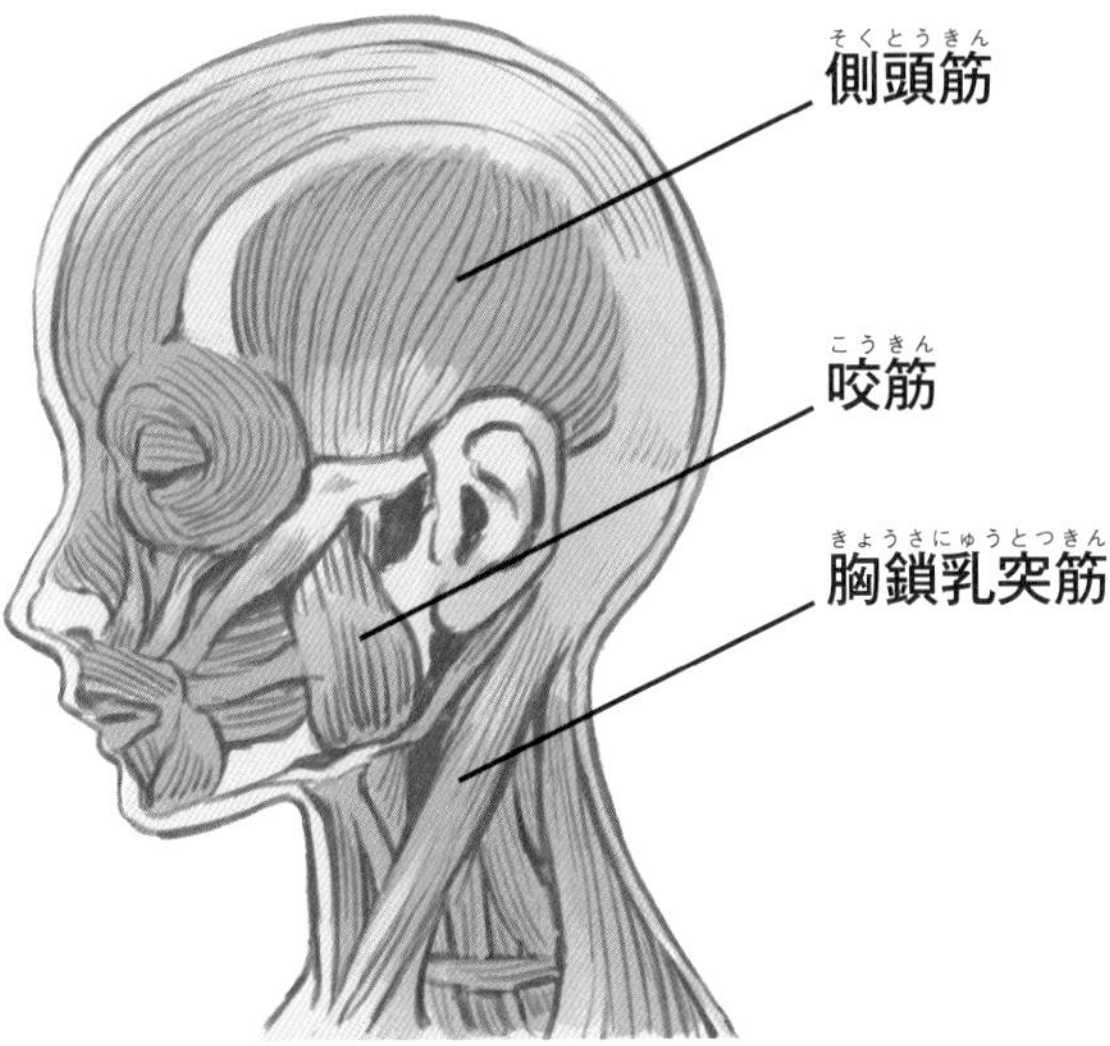
側頭筋《そくとうきん》
咬筋《こうきん》
胸鎖乳突筋《きょうさにゅうとつきん》

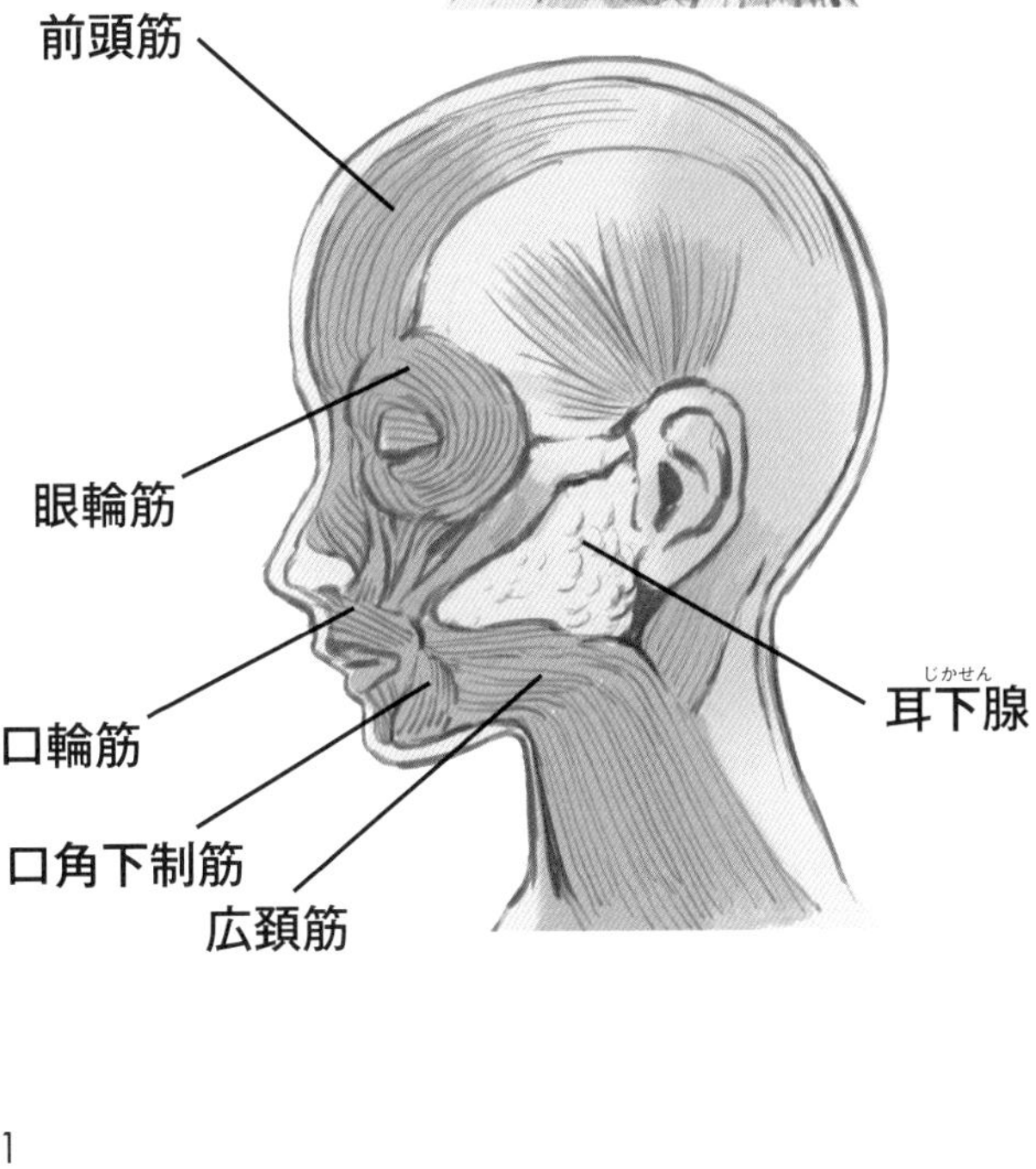
前頭筋
眼輪筋
口輪筋
口角下制筋
広頚筋
耳下腺《じかせん》

脂肪組織のつき方が変化してくると、重力に従って垂れ下がるようなことが起こります。顔の皮下の脂肪組織は表情筋の表面と下にあるため、表情筋が薄くなって表在性筋膜の働きも低下すると、皮膚の表面の方へ飛び出したり、重力に従って脂肪組織が垂れ下がるのです。

目の下が垂れ、頬が垂れ、あごの下が垂れ……。脂肪でふくらんで垂れたお腹と同じような状態が、顔のあちこちで生じます。これが老け顔の正体です。

「老け顔」というと、みなさんは、何歳くらいから起こると思いますか？　30歳を超えたらですか？　40歳を超えたらですか？

一般的に筋肉量は、運動習慣がない場合は20代後半から徐々に減少し始めるそうです。表情筋も筋肉の一種ですから、何もしなければ30代以降、徐々に薄くなっていくと考えられます。つまり、**30代でも、40代でも、それ以降の方はもちろん、何もしなければ老け顔になる可能性が高い**のです。

とはいえ、ご安心ください。表情筋は筋肉ですから、年齢に関係なく鍛えれば割れた腹筋のように強くすることができます。表情筋を効率よく動かすことで、表在性筋膜の働きも強化することができます。

表情筋や表在性筋膜を鍛えれば、脂肪組織のたわみや偏りも解消されてたるみなどを改善することが可能です。お若い方でも、お年の方でも大丈夫。しかも、腹筋を鍛えるようなハードなトレーニングは必要ありません。表情筋や表在性筋膜はとっても薄いので、腹筋を鍛えるよりも、ずっと楽に強化できるのです。

1回2~3分、週2回の「やわ~い努力」

誰でも、1回2~3分週2回のほんの少しの「やわ~い努力」だけで若々しい顔立ちを取り戻すことができます。嘘ではありません。科学的な根拠に基づくお話です。では、ここで私の研究について少しふれさせていただきます。

私の専門は画像診断です。日本放射線学会専門医・指導医、日本核医学会専門医・PET認定医などの資格を持ち、現在、国際医療福祉大学三田病院放射線診断センターの准教授として、日々、たくさんの患者様の画像診断を行っています。

長年、ＣＴ（コンピュータ断層撮影）やＭＲＩ（核磁気共鳴画像診断）を駆使して、身体の異変や病気を見つけ出すことにやりがいを感じています。医師の目には身体の外からでは直接映らない異変、触診で触っても感じることのできない腫瘍、患者様ご本人が気づかない病変を、画像で見つけ出すことができるからです。

たとえば、体調不良で受診した患者様が、問診で腹痛を訴えていたとします。検査の結果、腹部には異常がなく、画像検査で肺がんが見つかるようなことも珍しくはありません。長引く咳に悩む患者様の画像診断で、時にはがんを発見することもあります。画像診断は、患者様も医師もスタッフも、「えっ！」と驚くような発見に至ることがあるのです。**見えないものを可視化する。それが画像診断の魅力でもあります。**

私は、子どもの頃から写真を見るのが好きなんです。きれいな女優さんの画像を見て「なんてすてきなんでしょう！」と思い、その女優さんの立ち居振る舞いに思いを馳せることがあります。美しい風景画像に心を奪われると、実際にそこへ行ってみたくなったり、カフェの写真を見たら「頑張って仕事して空き時間に行きたいわ」とか思うように、なぜかＣＴ、ＭＲＩ画像の向こうにもロマンを感じたんです。

私の専門はCT、MRIを
駆使しての画像診断です。
患者様ご本人が気が付かない
病気を見つけ出しています。

もちろん、患者様の画像を拝見するときには、絶対に異変を見つけよう！　という使命感のような気持ちが強いといえます。だからこそ、主治医も患者様も想像していない異変を発見することができるのです。例えば、たまたまお腹が痛くて来た患者様のＣＴに肺の病気が写っていたり、咳をしている患者様のＣＴを撮ってみたら乳腺にしこりを見つけたりということが時々あります。

それが早期治療につなげたときには、この仕事に取り組んで良かったと思う瞬間でもあります。

そんな私が「老け顔」に興味を持ったのは、ある日、自分の顔と他人の顔を比べて、違いに気づいてしまったからです。それは、使命というよりも、科学的な興味に導かれたから、といった方がよいと思います。

私の顔は同世代よりも若い

この理由を画像で解き明かしたくなったのが研究のきっかけです。

すご～く単純な理由と思われるかもしれませんが、これまで若々しい顔や老け顔の画像評価というのは、表面から見える事象でしか行われてきませんでした。皮膚の下はどのようになっているのか科学的な解明がなかったのです。その謎を解き明かしたくなりました。

なぜ私の顔は若いのか。

私の顔は同世代よりも若く見られるとお話をしましたが、私は医師という職業柄、朝から晩までパソコン画面を凝視し、コロナ禍では長時間のマスク着用も行っています。つまり、コロナ禍のマスクの着用で老け顔に悩まれる方々と、変わらないような環境に身を置いているのです。しかも、私はコロナ禍以前から一般の方よりもマスクを長い時間着用していました。

研修医時代からマスクはユニフォームのひとつのようなもので、うん十年間、マスクを着用するのが当たり前の生活を続けています。

そんな私がマスクを外したら、老け顔になっていてもおかしくはないでしょう。しかも、仕事中は、無駄なおしゃべりはほとんどしません。事務的な会話がほとんどです。それでも、私がマスクを外すと、以前から同年代の方々と比べて若く見られることが多いのです。

嬉しいことに、実年齢よりもはるか下の年齢をいわれることもありました。「見た目の年齢を当てるのが得意」といわれる方からも、実年齢より20歳も下の年齢をいわれて、内心「やった！」という感じです。

私は歌手の松田聖子さん（1962年生まれ）と同世代です。20歳ほど若く見られ、髪をアップにまとめるとさらに見た目年齢が下がります。同じような年の方から「一緒に歩くと娘と歩いているみたい」といわれました！　嬉しいかぎりです。

とはいえ、私は特別なことは何もしていません。仕事が忙しいので化粧やスキンケアは二の次、三の次。フェイスマッサージも行っていないのです。

どうして私は若く見られるのだろう？

医師である私は、ふとそう思いました。加齢に伴い皮膚や皮下組織が衰えるということは、以前から美容系の先生方からいわれていました。

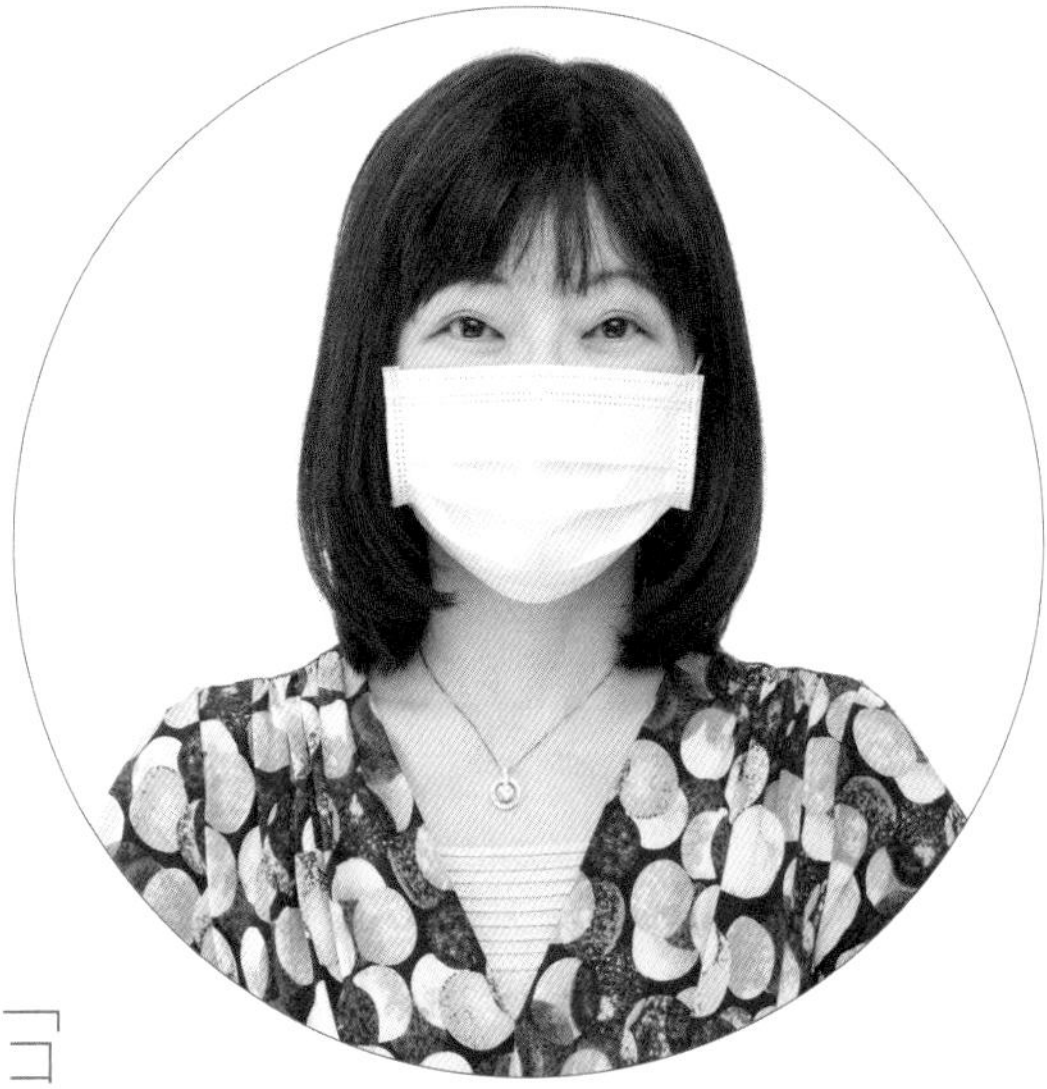

「コロナ禍でマスクを
つけていますが、マスクを取ると
よく驚かれます」――奥田先生。

皮膚のハリがなくなるため、目の下や頬、あごの下がたるむ。皮下組織が衰えるから弾力がなくなって、しわも深くなる。ならば、若く見られる私の皮下はどうなっているのか。その疑問が頭から離れなくなったのです。

医学書のページを開いても、若く見える人や老けて見える人の解剖学的な所見は、ほとんど美容的な側面からのアプローチで、皮下の構造やメカニズムは詳細にはわかりませんでした。謎が解けないので、自分で調べてみようと思いついたのです。

顔面加齢を知る

同世代との違いを科学的に証明することができれば、老化を阻止しようとする治療開発にも役立ちます。いつまでも若々しい顔を保つ美容にも貢献できるでしょう。

私は画像診断を専門としていますので、画像解析は得意です。素朴な疑問を解き明かすべく、画像診断のＣＴやＭＲＩを用いて研究を進めたのが、ライフワークのきっかけです。

ＣＴやＭＲＩの検査機器は近年とても発達し、３次元画像法を用いて臓器や病変を立体的に把握することが可能になったので、顔の皮下の微妙な変化も明らかにしてくれました。**私自身の顔はもとより、さまざまな世代の方々の顔を画像で分析してみると、若い顔と老け顔では、表情筋や表在性筋膜の厚みの変化、皮下脂肪の変性や偏りなど、老け顔の共通点がいくつも見つかったのです。**

20代の方の表情筋や表在性筋膜は厚みがあって、その下の脂肪組織も平均的な層の分布が画像から読み取れました。それに対して、60代の方の表情筋や表在性筋膜は、目の下や頬などで薄くなり、その下の脂肪組織は萎縮して変化し、さらに重力に従って垂れ下がっていたのです。

老け顔は、単に皮膚の問題ではなく、表情筋や表在性筋膜、皮下組織の状態で左右されることがわかりました。**その研究成果を論文にして約10年前に北米放射線学会で発表しました。タイトルは「顔面加齢に対する画像診断学的評価」です。**ＣＴ検査やＭＲＩ検査を駆使した画像解析で、特徴的な老け顔の状態を客観的に明らかにしたのです。すると翌日の学会新聞に紹介されるほど大反響を呼びました。

「とうとう若さを診断できる時代がやってきた」

米国の新聞の見出しに、このようなタイトルをつけていただきました。たくさんの論文発表がある中のたったひとつの発表にすぎないのに、米国では大きく新聞で取り上げられ、注目される研究発表として評価していただいたのです。嬉しい気持ちと同時に、客観的な若さの診断法を多くの人が求めていたことに改めて気づかされるきっかけになりました。

それを機に、日本でも顔面加齢に対する画像診断の研究について、多くの方に関心を持っていただけるようになりました。２０１２年5月、加齢画像研究会を発足し、放射線医学、解剖学、美容外科学、形成外科学、医用工学などの先生方が集まって、科学的な根拠を持った老化対策・予防の研究を進めています。科学的に老け顔、若く見られる顔の診断を行い、それに基づく対処法も研究開発されつつあるのです。

また、私が所長を務める「加齢画像研究所　ＯＮＩ」を新たに設立しました。

とうとう若さを診断できる時代がやってきた！

3D CT Imaging Used to Evaluate Facial Aging

Researchers who were able to objectively evaluate the effect of facial muscles on aging using 3D CT imaging say the results could be applied to plastic surgery procedures, such as rejuvenation surgery and facial lifting, as well as muscle exercises designed to prevent facial aging.

"It is necessary to understand the anatomy of facial muscles and physiological changes to understand facial aging," said Itsuko Okuda, M.D., of the Department of Diagnostic Radiology, International University of Health and Welfare, Mita Hospital in Tokyo, who presented findings in the education exhibit area in the Lakeside Learning Center. "3D CT images allow the depiction of the state of facial muscles and facial aging."

The researchers set out to answer the question, "Why are there differences in facial aging among different people?" Dr. Okuda said.

Previous studies have used ultrasound techniques to measure muscle thickness; however, 3D CT imaging provides much more detail.

Itsuko Okuda, M.D.

The goal of the study—performed in cooperation with the departments of radiology, aesthetic plastic surgery and anatomy at Mita Hospital—was to present clinical, radiographic and anatomic features of aging in both the young and old, Dr. Okuda said. Shirakade Yukio, M.D., a plastic surgeon, also participated in the research.

The six-month research project involved 50 case studies, with subjects ranging from 15 to 80 years old. "Previous studies have used ultrasound techniques to measure muscle thickness; however, 3D CT imaging provides much more detail," Dr. Okuda said.

After discussing the anatomy of the muscles used in facial expression with Kazuaki Hirata, M.D., an anatomy professor at Mita Hospital, the pair began researching muscle activity, Dr. Okuda said.

After creating facial 3D volume renderings based on CT images of patients young and old, Dr. Okuda and colleagues compared those images with the patients' original CT and MR images and evaluated the changes in facial structure that cause aging.

"We also researched the anatomy of the subcutaneous soft tissue, which contributes to facial features, and then analyzed how these structures varied with aging," Dr. Okuda explained. "Based on anatomical knowledge and facial aesthetic plastic surgical knowledge, we began interpreting facial images—using CT and MR imaging—in detail again."

By comparing those images and researching previous studies, researchers determined that facial aging is caused not only by age-related changes in the skin, but also changes in muscles, subcutaneous soft tissue and adipose tissue.

Dr. Okuda plans to continue this research over the next two years. The research will include an additional 100 case studies.

Itsuko Okuda, M.D., Yasuo Nakajima, M.D., and Masahiro Irimoto, M.D., Ph.D.

■米国の学会新聞に紹介された奥田医師による画像診断の研究記事。

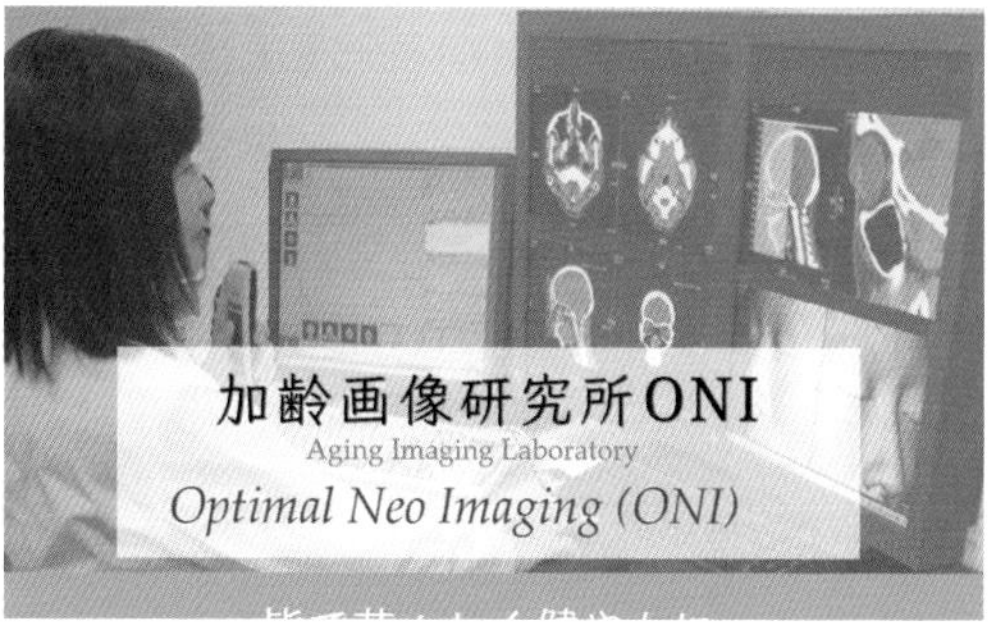

■「誰もが若々しく健やかな日常を送れるように尽力したい」と奥田先生。加齢画像研究所ONI所長としての顔も持っています。

抗加齢の画像診断学的エビデンスを共同研究や講演、論文発表、教育、若手研究者の支援などを行うことで、誰もが若々しく健やかな社会の実現のため、貢献したいと思っています。

若返りの秘密は「美容筋膜」にある

2017年10月には、国際医療福祉大学三田病院で開催した第21回臨床解剖研究会共催の加齢画像研究会学術集会の当番世話人となり、「見たいを診る」をテーマに、さまざまなスペシャリストにお越しいただいて興味深い内容をご披露いただきました。現在に至るまで、定期的に学術集会を行うことで、多くの科学者の叡智により、顔面加齢の画像診断の研究は発展中といえます。

中国主催の「アジア臨床解剖学会」でも、「人の顔はなぜ老いるのか」をテーマに講演させていただきました。韓国の先生は、美容施術に関わる顔面解剖学にとても興味をお持ちで、顔面加齢の画像診断研究における老け顔と若々しいお顔のお話に関心を寄せていただきました。国内外のさまざまな先生方のディスカッションを座長としてまとめさせていただいたことで、とても有意義な時間を過ごすことができています。

昨年8月には、大手化粧品会社のコーセーさんのブランド「インフィニティ」の新しい商品の発表会で「美容筋膜」をテーマに講演させていただきました。**美容筋膜は、表在性筋膜をわかりやすくコーセーさんが説明するためにネーミングされた名称**です。第3章（101ページ）で詳しくご紹介しますが、表在性筋膜をちょっと刺激してリストアップすると、あごから頬のラインが若々しくなります。

この講演では、美容筋膜のマッサージ法をご紹介し、事前に2週間マッサージを取り組んだ例もご紹介させていただきました。美容筋膜の変化などについて顔面加齢の画像診断技術をご紹介しながら、取り組む前と後の変化についてお話をさせていただいたのです。**たった2週間ほどの簡単なマッサージに取り組んだだけで、ほとんどの方の美容筋膜が改善した結果にご参加された方は驚いておられました。**また、講演には、女優・夏木マリさんにもご出席いただきまして、美容筋膜に興味を持っていただいて嬉しかったです。

数年前の大手化粧品会社の資生堂さんとの共同研究では、表情筋や表在性筋膜をたった10分程、自己マッサージするだけで、肌にハリが出て下がっていた頬が上がることもご紹介しました。効果的なマッサージによって短期間で改善することができるのです。顔面加齢の画像診断の研究によって、驚くような人体の若返りの秘密が解き明かされつつあるといえます。

「画像の向こうにロマンが見える」

以前、このようなタイトルの講演をさせていただきました。顔面加齢に対する画像診断の研究は、抗加齢医学、すなわちアンチエイジング医学と結びつけることで、加齢に伴う変化の予防・改善に大きく貢献できます。

昔は、年を重ねれば老け顔になって当たり前のように考えられていましたが、今は老け顔を予防できる時代になったのです。その後押しを顔面加齢に対する画像診断の研究で行っています。

さて、話を元に戻しますが、**私が若く見られる理由は、表情筋と表在性筋膜、皮下脂肪の状態に関係しています。**同世代の方々よりも、顔の土台である表情筋や表在性筋膜が良好な状態を保っているため、脂肪組織がしっかりと支えられ、顔がたるむのを防いでいたのです。

これが若く見られる秘訣です。つまり、表情筋を鍛え表在性筋膜にハリを持たせれば、老若男女問わず、誰でもマスクの老け顔を撃退し、若々しい顔を取り戻すことが可能といえます。

特別なことをしていない私ですが、**表情筋と表在性筋膜を維持している理由は、笑顔にある**と思っています。

子どもの頃から「えびす顔」と呼ばれるほど、えびすさまのように笑顔を絶やさない生活をしてきました。

笑うことで、自然に表情筋や表在性筋膜が鍛えられたと感じています。

今でも、プライベートでは楽しい話をして、大いに笑っています。

仕事では真顔、プライベートはえびす顔です。

笑うと口角が上がり、同時に頬も上がります。それが、表情筋や表在性筋膜を自然に鍛えることになるのです。

悲しい顔や怒って口角が下がっていると、表情筋や表在性筋膜はリフトアップされないので、鍛えることにはなりません。

口角を下げると、頬の表情筋や脂肪組織も下げることにつながり、**老け顔を後押しします。**

笑う門には福来るといいますが、笑う門には若さが来るといえるかもしれません。

とはいえ、一般的に笑いすぎると笑いじわが生じやすいといわれます。私は、笑いじわもありません。その理由を考えながら研究を続ける中で、編み出したのが**やわ〜い努力でできる「カオキン体操」**です。

1回2〜3分、週2回のカオキン体操を3〜4週間続けるだけで、老け顔の撃退ができることは、NHKの『ガッテン！』をはじめ、さまざまなメディアに取り上げられ、実際に体験してくださった方々で証明済です。若い人、ご高齢の方、男女問わず、有効といえます。カオキン体操に加えて、「えびす顔」のニコニコ表情も心掛けていただくと、よりよいと思っています。

コロナ禍は、多くの方の生活に暗い影を落としました。ため息をつきながら外したマスクの下が老け顔。

そんな悲しい状況を1人でも多くの方、年齢問わずに悩む方々に改善していただくため、本書がお役に立てれば幸いです。

国際医療福祉大学三田病院　准教授
加齢画像研究所ONI　所長
奥田逸子

第1章

老け顔チェック！

チェックポイント1

まずは、ご自身のお顔を「老け顔」か、「若々しい顔」か、チェックしてみましょう。顔を写すために、スマートフォンやデジタルカメラをご用意ください！　そして、次の方法でご自身の顔を撮影してみましょう。

①　まず座った状態で「顔写真」を撮ってください。このときは、笑わずに無表情で撮るようにしてください。

②　次に、布団などの上で仰向けに寝た状態で、ご自身の「顔写真」を撮ります。このときも、笑わずに①と同じような表情で撮影しましょう。

③　①と②の写真を見比べて次のチェックポイントを確認します。

70代女性

椅子に座った状態	仰向けに寝た状態

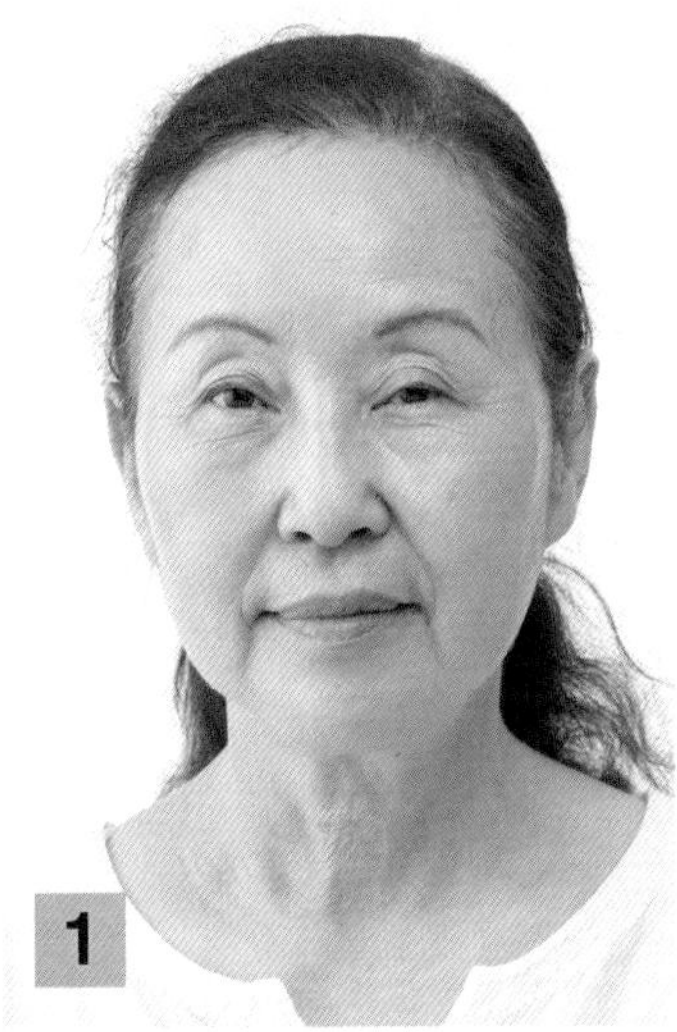

1

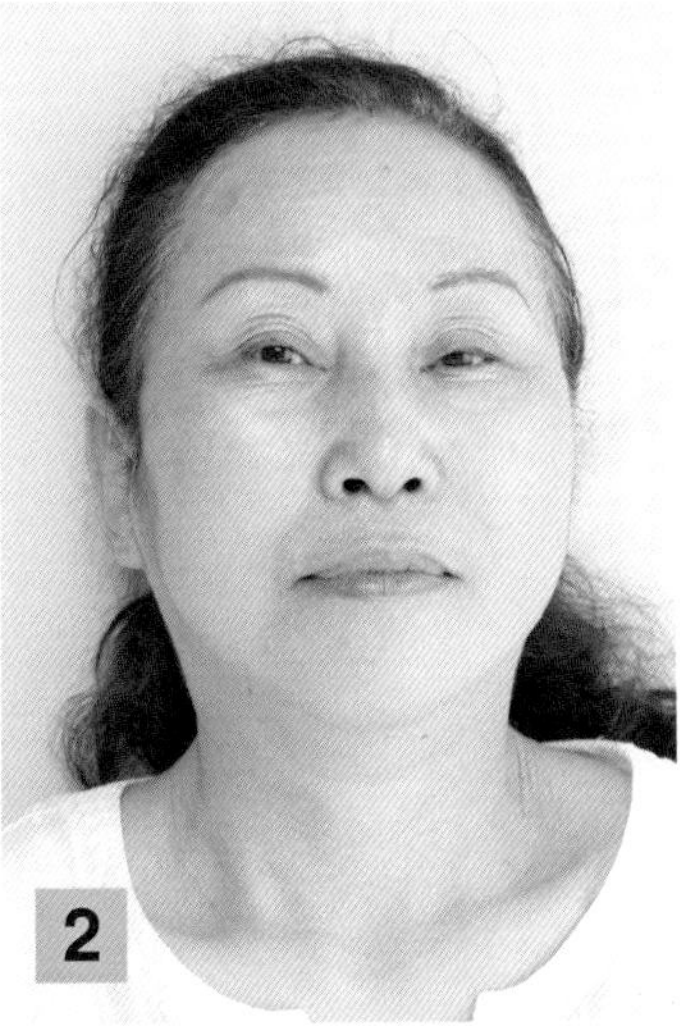

2

☑ チェックポイント

- □ 目じりの位置や目の下の袋状のたるみ（詳細は 52 ページ）
- □ 目の下から頬の上にかけての深いしわ（詳細は 63 ページ）
- □ 頬の状態やたるみ（詳細は 71 ページ）
- □ ほうれい線の有無（詳細は 82 ページ）
- □ 二重あごの有無（詳細は 93 ページ）

自分の若々しさ度を
チェックしてみましょう。

ご自身の2つの画像を見比べてみてどうでしたか？　座った状態で撮影した①の画像のお顔を見て、目の下の袋状のふくらみ、頬のたるみ、深いほうれい線、二重あごなどが、②の画像のお顔よりも増えていたら「老け顔」です。

同じお顔なのに、寝たときと起きた状態では、違いがいくつもあるのは、表情筋や表在性筋膜が衰え、皮下の脂肪組織がゆるんできている証ともいえます。これが、老け顔チェック法です。

②の仰向けに寝た状態は、表情筋や表在性筋膜が衰えていても、重力は頭部の後方にかかるため脂肪組織が顔の下へは垂れにくいのです。**垂れ下がっていない②が本来のお顔です。**表情筋を鍛え表在性筋膜にハリを持たせると、②のお顔に近づくといえます。

①のお顔も②のお顔も変化がほとんどない方は「若々しい顔」です。小学生くらいのお子さんがいたら逆立ちをさせてみるとよくわかります。お子さんの顔も、①と②はほとんど変化が見られないはずです。逆立ちをして重力がかかる方向を逆転させても、通常、お子さんの顔はあまり変化しないのです。それは、表情筋や表在性筋膜、

脂肪組織の加齢性変化が少ないことと関係しています。

①のように上半身を起こして座った状態になると、重力は顔の下へかかるようになります。表情筋や表在性筋膜が衰えていると、皮下脂肪がたるんで目の下の袋状のたるみ、頬のたるみなどにつながるのです。頬がたるんで生じるのがほうれい線などのしわといえます。

長引くマスク生活で表情筋や表在性筋膜が衰えていると、脂肪組織が重力によって下方にさがります。目の周りや、頬、口の周り、あごの下。それらの皮膚がたるんで下に向かって垂れ下がり、深いしわも刻み老け顔になるのです。

具体的に見ていきましょう。

私は顔面加齢の画像診断技術を約10年前に開発し、米国で論文発表しました。対象となる方の顔をＣＴとＭＲＩの検査機器で撮影し、それらの画像を用いて３次元画像を作成することで、「顔面加齢の診断」ができるようにしました。今回、40代の方と70代の方にご協力いただきました。お顔をＣＴ検査で撮影させていただき作成した３

次元画像では顔面加齢がより鮮明に見えてきます。

40代の女性の3次元画像（1）は、仰向けに寝たときのお顔です。（2）が座ったときのお顔になります。

（1）の画像に対して（2）の画像は、小鼻の横に小さなしわが生じているのがおわかりいただけますでしょうか。これは**「ほうれい線」**です。（1）の画像をもう一度見てください。小鼻の横にほうれい線は目立ちません。**重力で座った状態で撮影した（2）の画像では、頬がやや下がった状態になり、その頬を支える表在性筋膜や皮膚のたるみによって、しわ、すなわち、ほうれい線が生じているの**です。

さらに、（2）の画像では、口元の下に縦しわもできています。これはマリオネットラインと呼ばれる口元のしわです。（1）の画像にはマリオネットラインは見られません。（2）では、下降した頬の影響を口元からあごのラインも受けていることがわかります。全体的に下降したことで、**マリオネットライン**が生じているのです。マリオネットラインのマリオネットは、操り人形のことです。糸で口を操るために、口元に縦線がついているでしょう。

CT画像で仰向けと寝た時の比較

40代女性

[1]寝た時

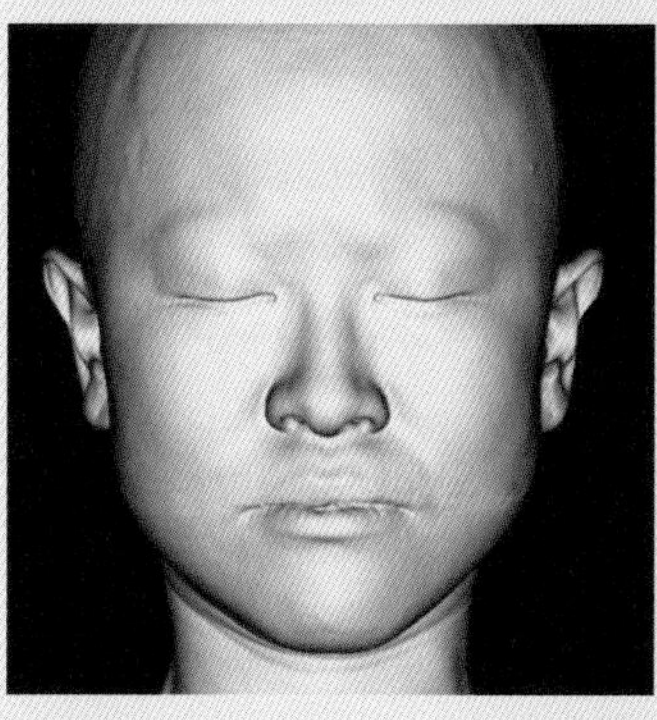

[2]座った時

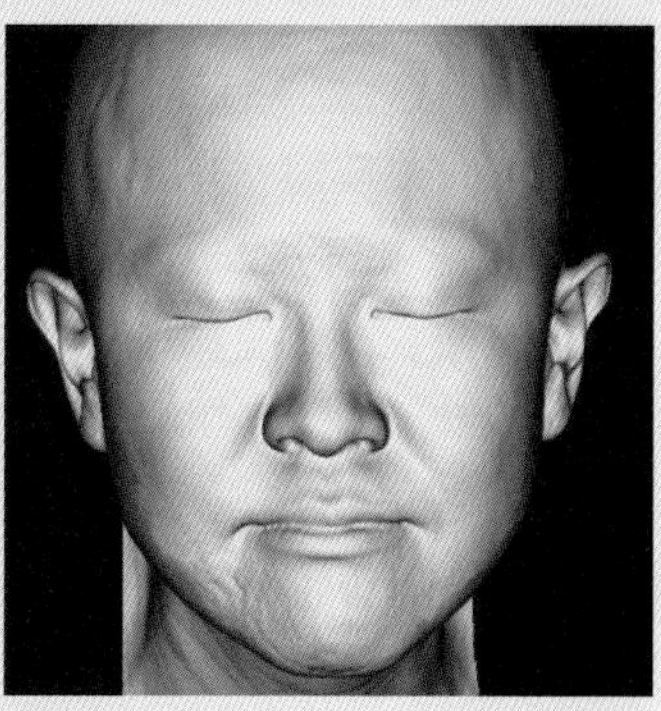

70代女性

[3]寝た時

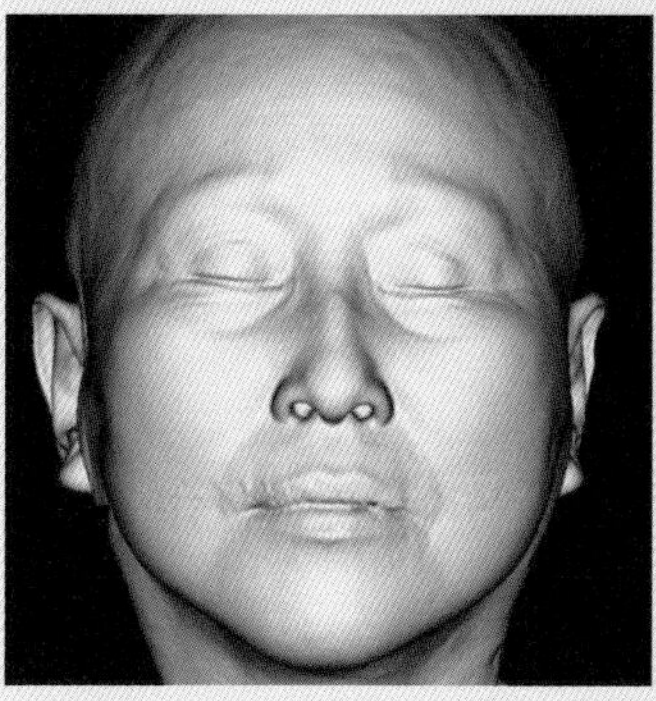

[4]座った時

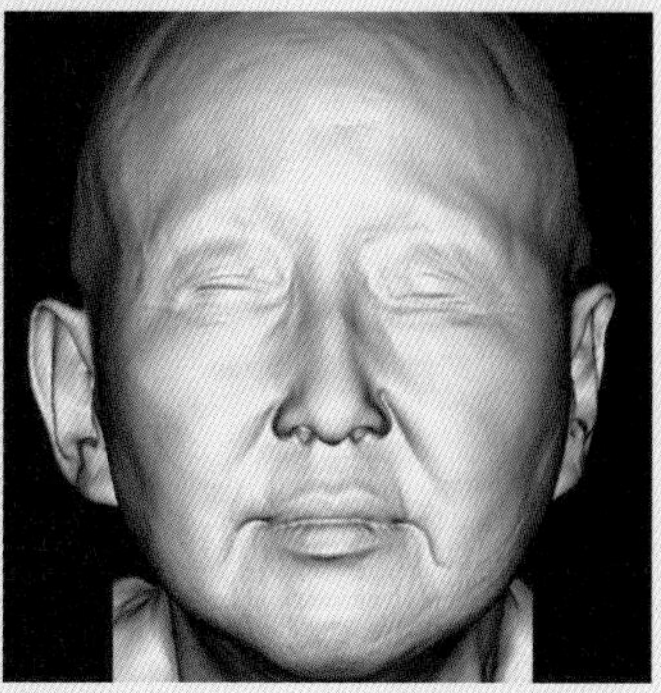

口角からあごへ真っすぐ伸びるしわが、マリオネットの口に似ていることから「マリオネットライン」と称されています。マリオネットラインは90ページで詳しく説明しています。70代女性の方の3次元画像を見ると、仰向けに寝たときの（3）の画像に対し、座ったときの（4）の画像の違いは明らかになります。（3）の方が、（4）の画像よりもしわが少なく、若々しい顔であることは一目瞭然でしょう。

座ったときの顔（4）は、目の下が下がり、頬がたるみ、顔の輪郭そのものが縦長に変形しています。小鼻の横のほうれい線も深く、口元のしわ、マリオネットラインもはっきりと表れています。40代の方の画像と比べると、重力によって（4）の画像は、顔全体の皮膚がより下がり気味であることがおわかりいただけるでしょう。

このように、加齢とともに、座ったときの状態の顔は、しわが生じやすく老け顔になりやすいといえます。若々しいのは、仰向けの状態の顔です。

もう一度、ご自身の①と②の画像を見比べてみてください。目の下や頬のたるみ以外に気になることはありませんか？

医学的な顔の加齢性変化、すなわち老化の兆候は、次のようになります。

・額の水平じわ
・眉間の縦じわ
・側頭部（こめかみ）の陥没
・上のまぶたの陥凹《かんおう》
・目の下の袋状のたるみ
・目尻が下がっている
・口角が下がっている
・ほうれい線が深く刻まれている
・頬やあごのたるみ
・口角の両端からあごへ向かって伸びるしわ（マリオネットライン）

このような兆候を「顔面加齢の画像診断」では、簡単に映し出すことができます。

仰向けの顔と座った顔の違いについて、美容系学会の講演会や化粧品会社のセミナーなど、さまざまなところでお話をさせていただいています。

重力によって、ご自身の座った顔が変化することに驚く声も、たくさん伺いました。中には、好奇心をさらに発展させて、真下に向けたご自身の顔をスマホの画像に写された方もいました。ある方は「奥田先生、幼い子と会うたびに『おばちゃん』といわれた理由が理解できました」といっておられました。みなさんは、その理由がわかりますか？

立った状態で幼いお子さんを見ると、顔を下に向けることになります。つまり、うつむいた状態でスマートフォンを見たときと一緒の顔になるのです。幼いお子さんは、下から見上げてその顔を見ています。真っすぐ正面を見たときよりも、うつむいた時の方が老け顔になりやすいので、幼いお子さんは、「おばちゃん」とついいってしまうのでしょう。

もうひとつ、バンジージャンプの顔についてのご意見もありました。バラエティー番組などで、バンジージャンプをしたときの芸能人の顔をカメラで写している場面があるでしょう。そのときの顔を見て、若くて美顔に気をつけている方の顔は、逆さ吊りになった状態でも顔がほとんど変わらないというのです。

老け顔は取り戻せます!

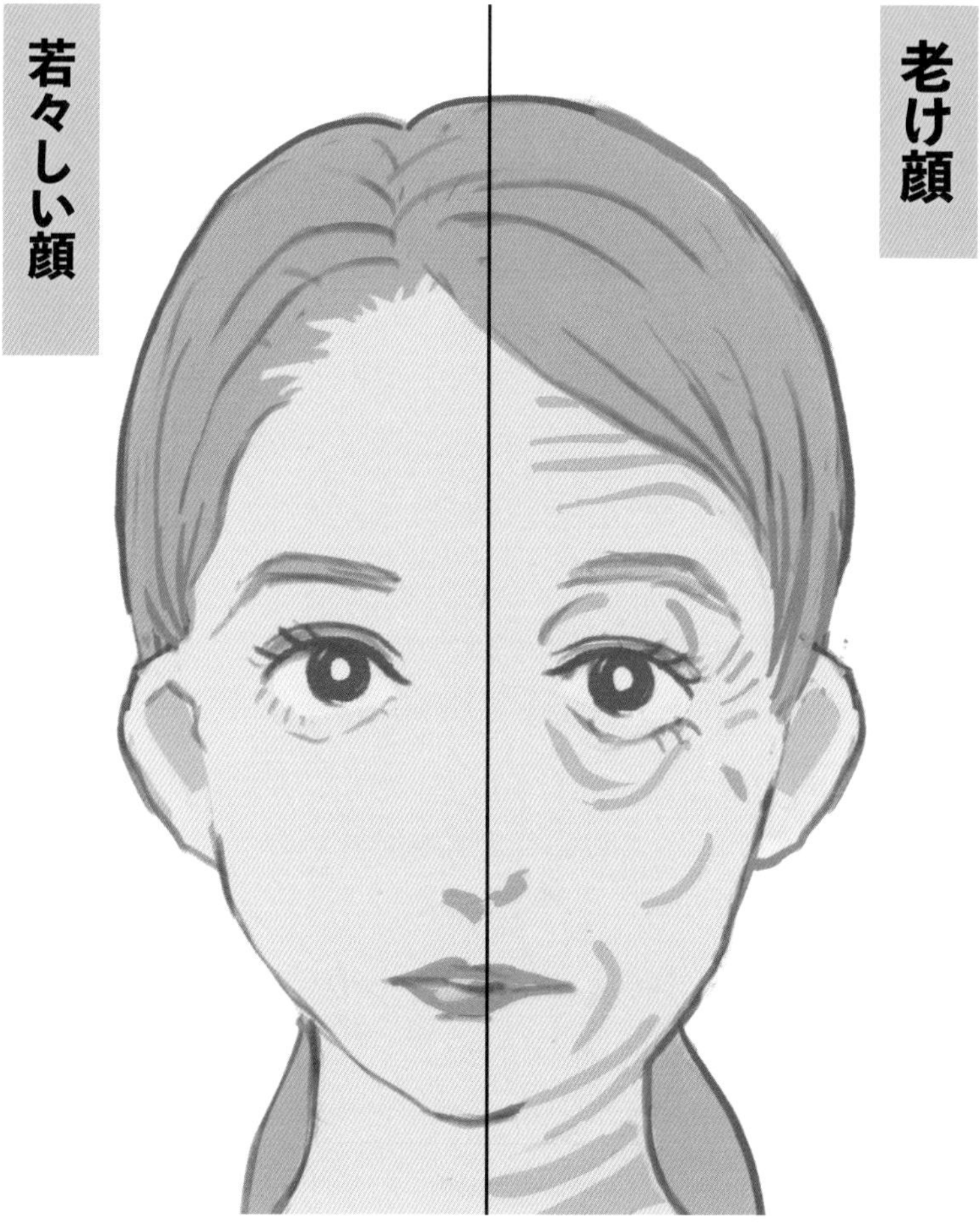

ゆる〜い努力で大丈夫！

正面で見たときの顔に頬やあごなどにたるみのある方は、バンジージャンプのときに皮膚や脂肪が後方に流れるようになって、「まるで別人みたい」に見えたそうです。**若々しい顔の理想は、仰向けになっても、座って正面を向いても、うつ向いたときにも、ほとんど変わらない状態です。**

みなさんのお顔はいかがですか？ **普通、仰向けマイナス5歳うつ伏せプラス5歳といわれています**が、中には10歳の人もいます。5年後の私ってこうなの？ とチェックしてみてください。

チェックポイント2

さて、重力に従って下がってしまった皮膚は、単に手で持ち上げても、手を離せばすぐに下がってしまいます。皮膚を支えるように持ち上げる表情筋や表在性筋膜を鍛えて脂肪組織のたるみを改善しないと、重力に逆らえずに生じるのが老け顔なのです。

でも、ご安心ください。後でご紹介する **「カオキン体操」で、表情筋を鍛え表在性筋**

膜にハリを持たせることで、顔全体を引き締めることができます。それが老け顔対策には必要なのです。

「顔全体を引き締める」というと、ちょっと大げさで、たいへんな取り組みのように聞こえますが、方法は簡単。決して難しくなく、ゆる〜い努力だけで大丈夫です。

なぜなら、約30種類のある表情筋は、表在性筋膜によって連動しているので、表情を作って的確に動かせば、他の表情筋も連動して自然に動かすことができるのです。

ひとつの表情筋を動かして鍛えると、表在性筋膜でつながっている表情筋が一緒に鍛えられます。同時に、表在性筋膜も動かすので、ペラペラのやわ〜い筋膜も自然に強くなるのです。

みなさんは、**無意識のうちに笑ったり、怒ったりしていると思いますが、そのとき顔のさまざまな皮膚や表情筋などのパーツが連動して動いていることをご存知ですか。**

たとえば、「イヤだなぁ〜」と思ったときに、眉をひそめて、口をギュッと結ぶとしましょう。左右の眉毛が下がりながら中央に集まるため、眉毛の間に深いしわが寄り、眉毛がさがるとまぶたも下がり、同時に目尻も下降します。目尻が下がると自然に頬も下がっていきます。頬が下がれば連動して口角は下がり、ほうれい線やマリオネットラインも刻まれます。「イヤだぁ〜」と眉をひそめただけなのに、連動して目の周辺、頬や口元も下がるのです。

逆に笑顔になって口角が上がると頬も持ち上がります。笑顔のように、皮膚を上に持ち上げるような動きの連動が、表情筋や表在性筋膜にはよいのです。とはいえ、方法を間違えると額に横じわが増えるようなことも起こります。正しい方法が大切なのです。

表情筋を鍛えるお話をすると、「長年、高級な化粧品を使って肌のケアをしてきたのに、無駄だったのかしら？」といわれることがあります。全く無駄ではありません。**お肌のお手入れもとても大切**だからです。

年を重ねるうちに、顔の皮膚も加齢の影響を否応なく受けます。表情筋や表在性筋膜は、皮下のお話ですが、皮膚そのものの若さを保つことも重要といえるのです。

皮膚の構造は、表面の角層などから成る表皮、肌の弾力に関係する表皮の下の真皮、その下の皮下組織の3つの層で成り立っています。皮下組織の下に表情筋や表在性筋膜があり、脂肪組織もあるのです。

若い頃は、表皮より下の皮膚の組織は、厚みもあってしっかりしています。10代の肌は弾力があります。

年を重ねるごとに弾力が失われるのは、真皮のコラーゲンなどを作り出す細胞が加齢とともに減少するからです。真皮のコラーゲンは、加齢で摩耗するのではなく、細胞が新しくコラーゲンを産み出す力が失われやすいからです。

加齢に伴い真皮のコラーゲンなどを作る細胞が減れば、当然、コラーゲンなども少なくなります。

一般的に、真皮はクッションや布団によくたとえられるでしょう。新しいクッションや布団は、フワフワで弾力もありますが、長年使い続けるうちに、薄くなって弾力も失われてしまう。老化に任せて放置された真皮も、使い古されたクッションや布団のようになってしまうのです。

真皮が薄くなって弾力を失うことで、しわなども生じやすくなります。真皮も約2ミリ程度の厚みでしかありません。そもそも薄いのに、さらに薄くなったら小じわが生じやすくなるのは当然でしょう。それは、加齢に限ったことではなく栄養不足でも起こります。

皮膚は、表面の角層によって守られています。角層の表面は皮脂で覆われていますが、油抜きダイエットなどをしていると、体内の脂質が不足することで皮脂も減少しやすくなります。

皮脂が失われると角層はガザガサになってバリア機能も低下し、紫外線や細菌などの外部の刺激を受けやすくなります。すると、真皮もダメージを受けるのです。**20代や30代でも顔の小じわが増えるのは、表情筋や表在性筋膜の衰えに加え、皮膚の状態が良好でないことも関係**します。

表情筋や表在性筋膜を良い状態に保つと同時に、お肌のお手入れも欠かせません。

さて、皮膚の老化予防のお話は、本書の150ページをご参考にしていただくとし

さあ、若々しさを
取り戻しましょう！

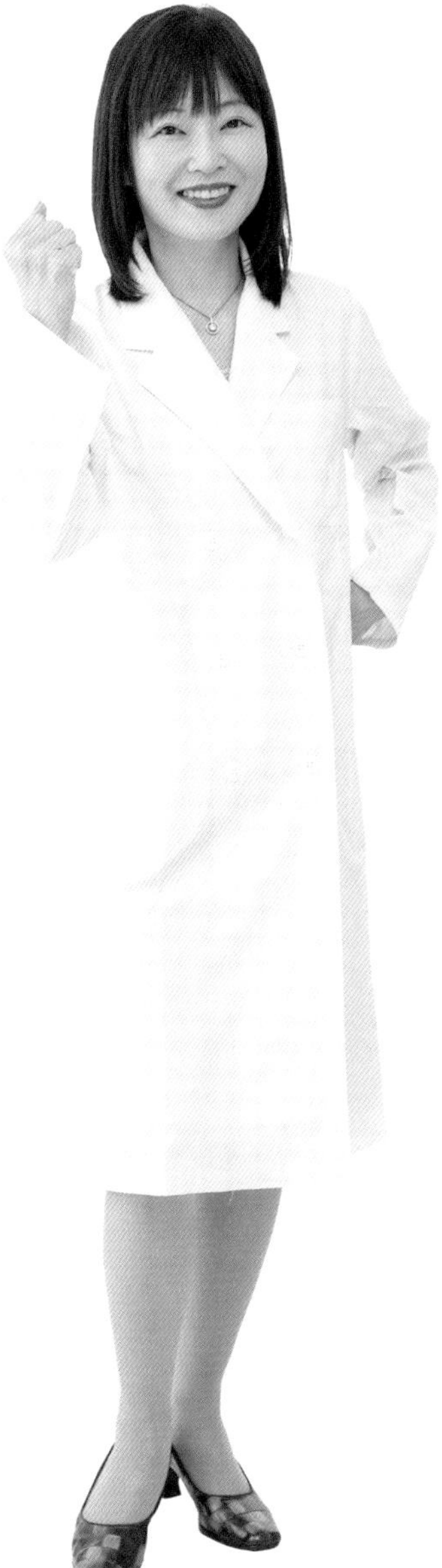

て、表皮・真皮・皮下組織が加齢の影響を受けてもお手入れ次第でよくなります。また、その下の表情筋や表在性筋膜などによって老け顔そのものは変えられるのです。

実際に、大手化粧品会社のポーラさんと一緒に表情が豊かな人とそうでない人との間に、表情筋に違いがあるかを確認しました。

すると、**表情が豊かな人は顔の土台である表情筋が厚く、しっかりしていました。表情筋を使うことは顔の土台作りに大切であることが科学的に明らかになりました。**

誰でも、いくつになっても、老け顔は改善できます。

これが本書の目的です。たるみも、しわも、しみも撃退しましょう！　目標は10年前の若々しさを取り戻す！　です。

第2章

顔のパーツ別老け顔の理由

目力を低下させる目元の袋状のたるみ

マスクをしていると初めて会った方の顔に対する第一印象は、目元で決まってきます。目元がはっきりして目力があると、イキイキとした印象を相手の方に与えることが可能になるともいえます。**コロナ禍**で口紅などの化粧品の売り上げが落ちたといわれますが、**目元周辺のマスカラやアイライナー、アイブロウなどの化粧品の売り上げは伸びている**そうです。でも、**目元の老化は化粧品だけではカバーしきれないこともあります。**

たとえば、目尻が下がり小じわが何本も連なり、目元の皮膚が袋状にたるみ、まぶたも下がり気味……。マスカラやアイライナーでくっきり目元を作ろうとすると、しわやたるみが余計に気になることがあるでしょう。マスクの上部のワイヤーが頬上部を押《お》しつけるようにと、目の下の袋状のたるみがさらに目立つようなことも起こります。このような**目の周辺の老化に関わるのが、皮膚の弾力性の低下と、目の周りの筋肉「眼輪筋《がんりんきん》」やその下の「脂肪組織（脂肪織《しぼうしき》）」の変化です。**眼輪筋は、文字どおり目の周りにある筋肉で、目の周辺に輪のように位置し、まぶたの開閉や涙腺を刺激して涙を出すような働きをしています。皮膚と眼輪筋、脂肪組織の変化が、〝老け目〟を生み出しているのです。

次の画像（5）を見てください。40代の女性の目元の画像です。下段のＣＴの真っ白な部分は骨です。眼球を覆う脂肪組織の一部が皮膚の下で前方に突出し、下まぶたが前方にやや飛び出すような形になっています。この飛び出した部分が、目の下の袋状のたるみになります。たるみの部分が山になって、上下の皮膚からほんの少し盛り上がっているでしょう。この袋と皮膚の境目がしわになるのです。画像（5）の眼球の下の点線の部分が眼輪筋です。○をつけた部分が脂肪組織です。（5）の画像では、点線部分がやや前に出ています。眼輪筋が衰えたことで脂肪を支えきれずに前方にやや脂肪がせり出すような状態になっています。

[5] 40代女性の目元

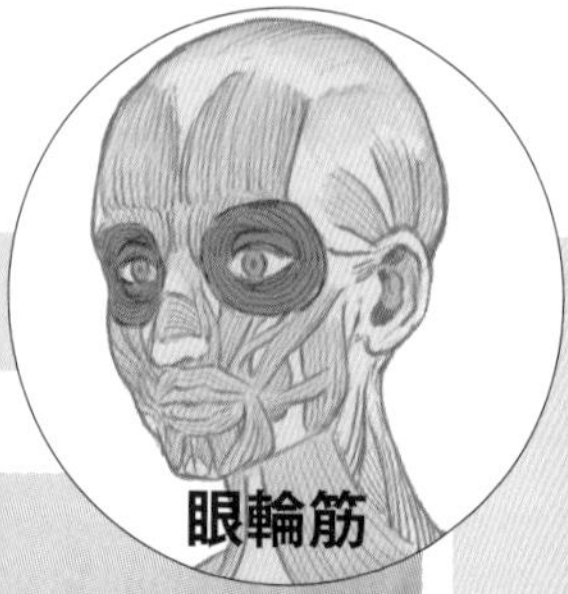

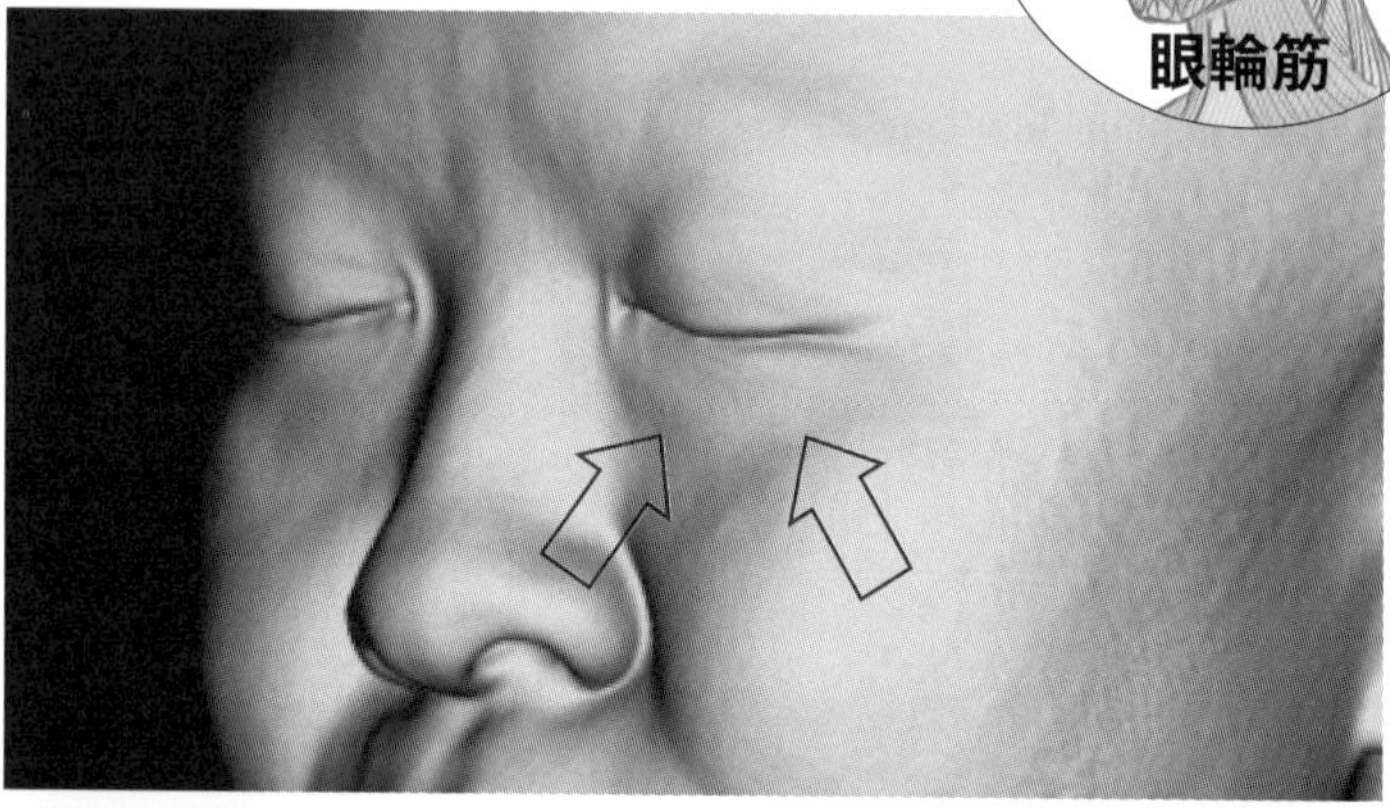

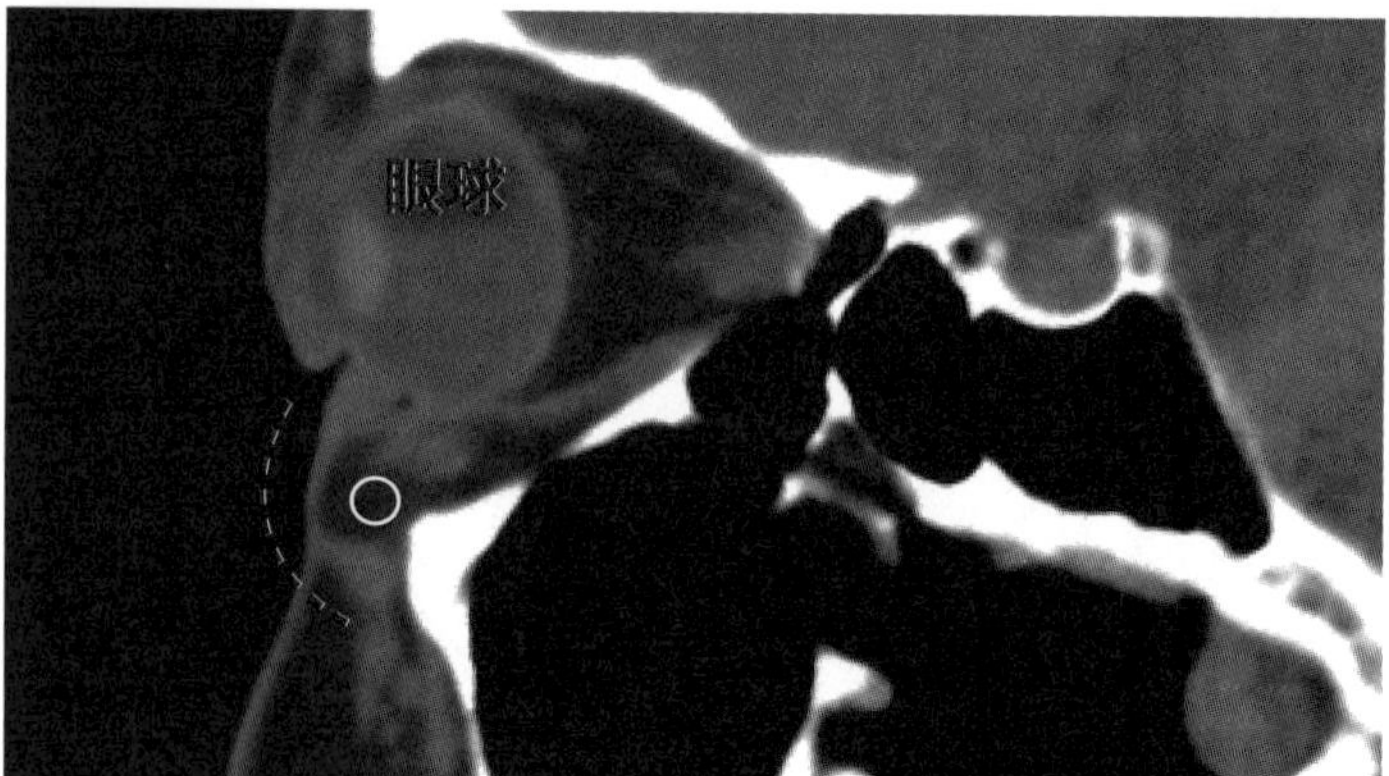

■たるみが出始めた目元
眼輪筋（赤点の右：灰色の帯状構造物）がカップ状に緩んでいる。
脂肪（黄○がある黒色領域）が前に突出。

[6] 70代女性の目元

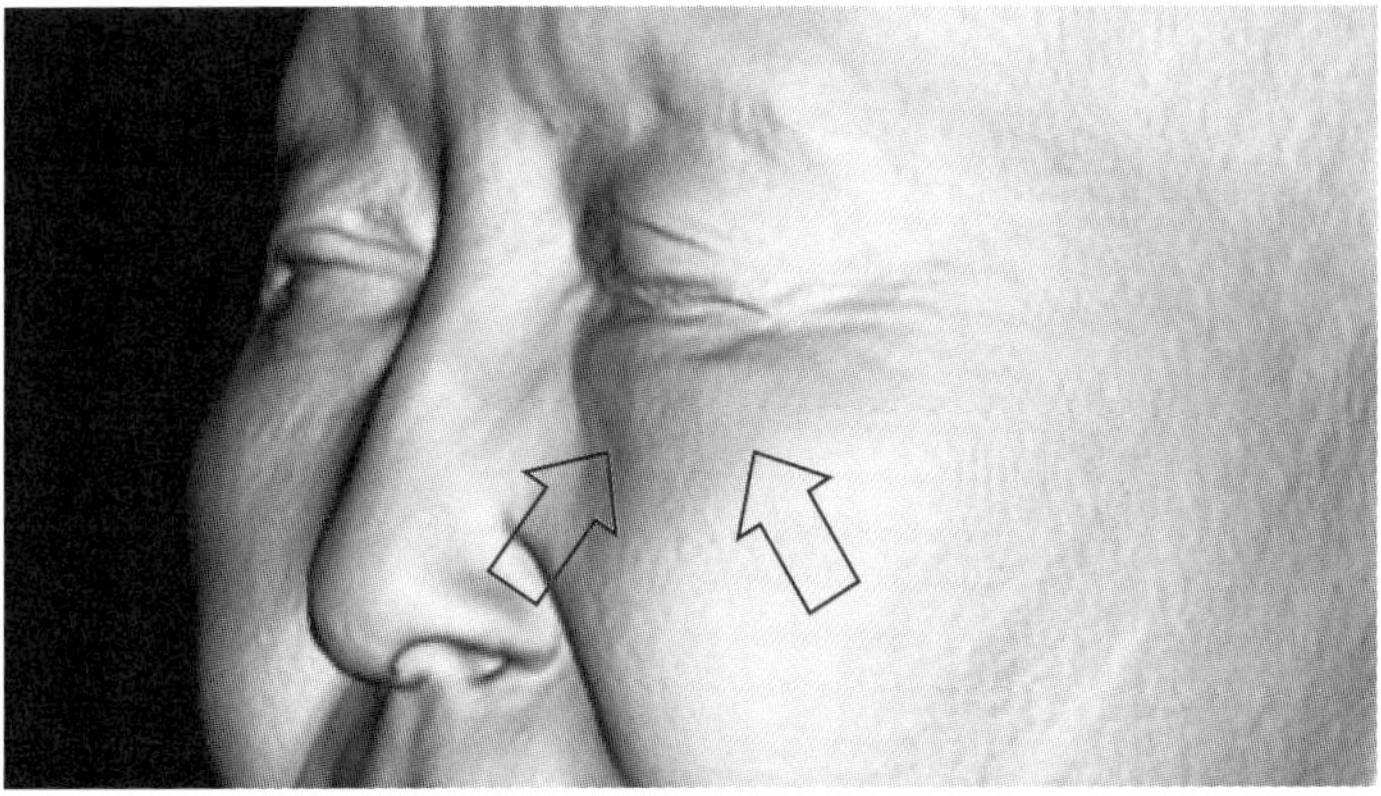

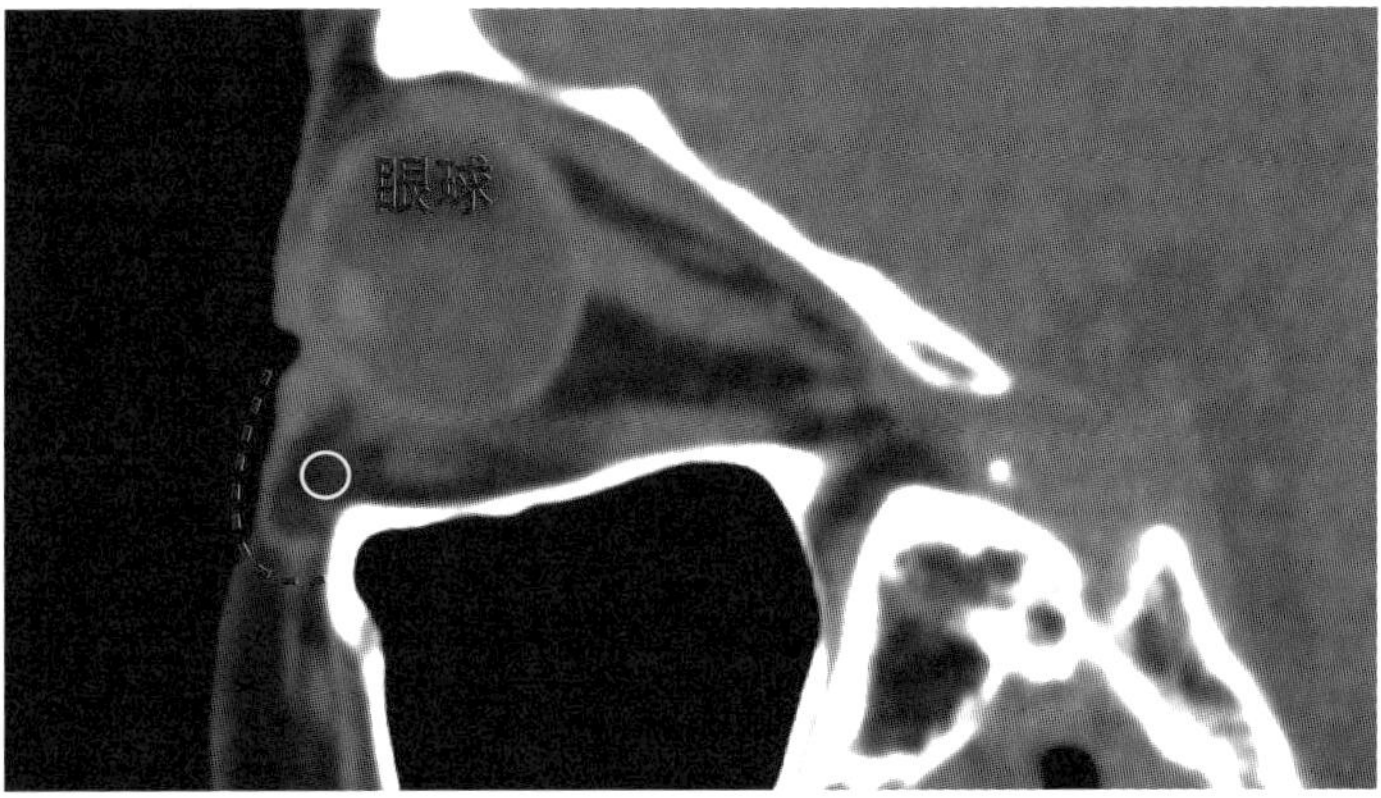

■たるんだ目元
眼輪筋（赤点の右：灰色の帯状構造物）が逆 J 字型にたわんでいる。
脂肪（黄○がある黒色領域）が前下にさらに突出。

これが、目の下の「目袋」になります。

次の画像（6）は、70代の女性の目元を映し出しています。（5）と大きな変化は見られないかもしれません。でも、よく見ると、70代の方の（6）は、点線の眼輪筋が下に垂れ下がっているのがおわかりいただけると思います。

この画像の○の部分の脂肪組織は、前方に飛び出しだけでなく、重力で下に下がってしまっているのです。それだけ眼輪筋が衰えているともいえます。そのため、40代の方と比べて70代の方は、見た目にも目の下のたるみがさらにはっきりわかります。目の下のたるみと、頬が波打つように凸凹になっている状態も、画像で明らかです。

20代の画像（7）と70代の（6）を比べてみましょう。

20代の（7）の画像の目の下は、たるみは見られません。点線の部分は眼輪筋です。眼輪筋が厚みを帯びてしっかりとしているため、袋状のたるみを起こしにくいのです。眼輪筋がまっすぐにピンと張られて、内側の脂肪組織もきれいに収まり、前方に飛び出していません。（7）の画像に対して、70代の（6）の画像は、たるんだ目元の状態が明らかです。

[7] 20代女性の目元

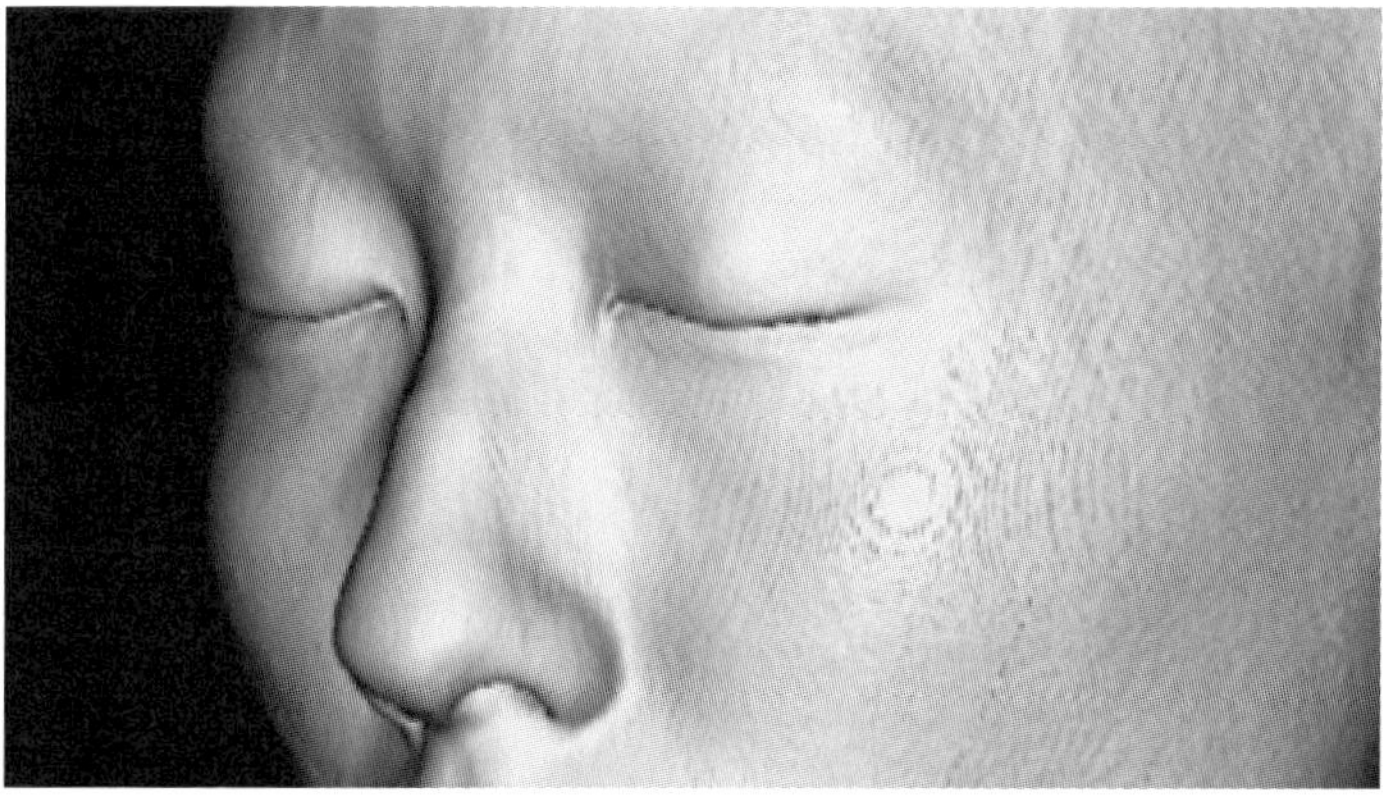

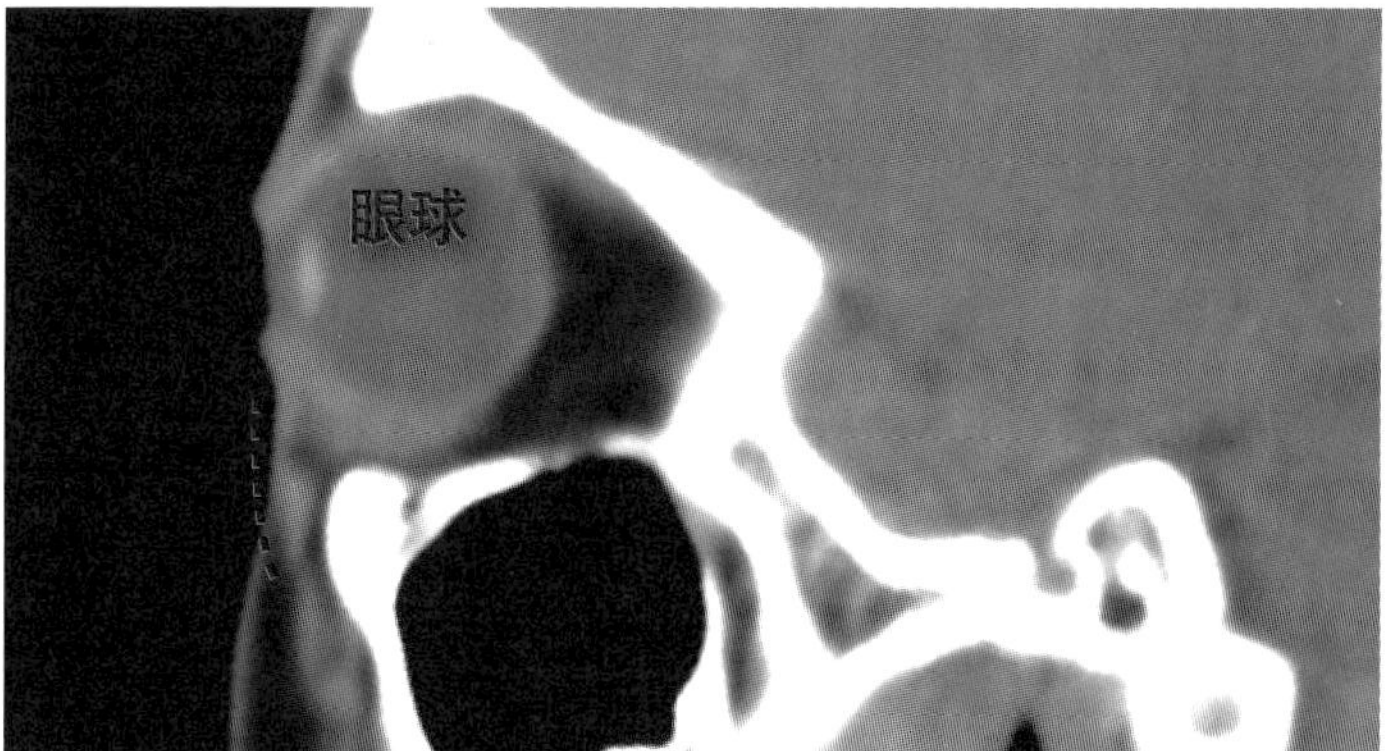

■たるみがない目元
眼輪筋（赤点の右：灰色の帯状構造物）が直線状である。
脂肪（黒色領域）の突出は目立たない。

目元のたるみが頬のたるみと合わさることで、凸凹が生じてしわが深く刻まれています。20代の画像（7）に凹凸は見られないでしょう。

眼輪筋はとても薄い組織です。「カオキン体操」でちょっと動かすだけで、1か月後には厚みを帯びるようになります。嘘ではありません。何度もいいます。ゆる〜い努力で大丈夫です。ただ、日常生活で目元を動かさないままでいると、どんどん眼輪筋は衰えるので、注意していただきたいと思います。

眼輪筋は筋肉なので動かさないと衰えるのです。腹筋運動を毎日しないと、お腹の筋肉は割れないでしょう。ボディビルダーのような筋肉を維持するには、毎日の鍛錬が欠かせません。でも、眼輪筋は、腹筋運動ほどハードなトレーニングは全く必要ありませんが、こまめに「動かす」ことが重要なのです。日常生活では、まばたきをしていると自然に眼輪筋も動かすことになります。とはいえ、スマートフォンやパソコンの画面をじっと見ているときには、まばたきの回数が減るといわれています。まばたきの回数が減ることで、涙が蒸発しやすくなって、ドライアイなどの目のトラブルにつながることをご存知の方もおられるでしょう。まばたきをしないことは、目にとってよくありませんし、目元を支える眼輪筋にも悪影響を及ぼすのです。まばたきをしないと眼輪筋は鍛えられず、マスクの着用で無表情なことが増えたため、さらに眼輪筋が衰えやすくなります。**上まぶたの中には眼瞼挙筋《がんけんきょきん》という小さな筋肉もあります。**

眼輪筋や眼瞼挙筋が衰えてくると、まぶたを開ける力も弱まります。それを補うために、眼輪筋の上にあるおでこの前頭筋《ぜんとうきん》（イラスト61ページ）が働いてきます。眼輪筋や眼瞼挙筋を使用せずに、前頭筋でまぶたを開くのがクセになってしまっている方もいます。すると、おでこの皮膚が前頭筋と一緒に持ち上げられ、引っ張られるために、おでこの横じわが生じやすくなるのです。

眼輪筋を動かさないので、目の周りのたるみやしわが増え、前頭筋を動かし続けているので、額の横じわが増えることになります。

では、**眼輪筋や眼瞼挙筋でまぶたを開けようとしているのか、前頭筋でまぶたを持ち上げようとしているか、61ページのイラストを参考にチェックしてしてみましょう。**

① **眉間のあたりを手の人差し指、中指、薬指の3本の指で押さえます。**

② **①の状態で、まぶたを開いたり閉じたりしてみましょう。**

まぶたを開いたときに眉間の辺りも動くようならば、前頭筋でまぶたを開いている証になります。

前頭筋で動かすクセがついている人は、①の状態でまぶたを開いたときに、**額が動かないように意識しながら眼輪筋や眼瞼挙筋を使うようにしましょう。**

額の横じわが気になるという50代の女性に試していただいたところ、2つの筋を意識して数回まぶたを開いただけで黒目がすぐに大きく見えるようになりました。筋の動きをを意識してまぶたを開くと、眼輪筋だけでなく上まぶたの中の眼瞼挙筋も鍛えられるのです。

これもゆる〜い努力で大丈夫です。ちょっとした気づきで、筋肉の動きを意識しながらおでこではなくまぶたを開くようにすれば、目はぱっちり&おでこの横じわを解消することができるのです。

眼輪筋と眼瞼挙筋《がんけんきょきん》を鍛えましょう

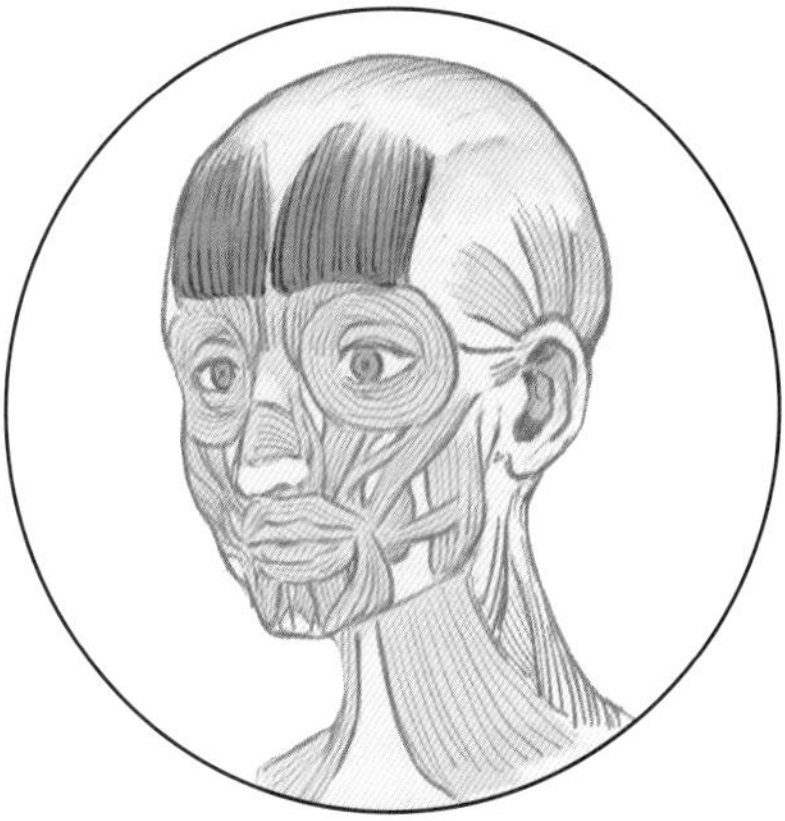

■眼瞼挙筋は上まぶたの中にある小さな筋肉。

前頭筋

目を閉じる　　**目を開く**

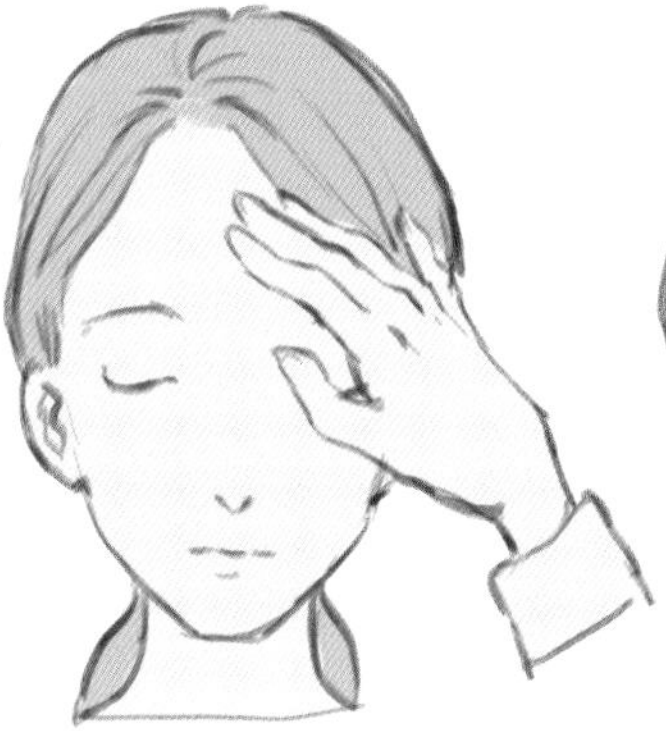

■眉間を3本指で押さえ、眉間が動くか指で感じ取る。動いていればまぶた（眼瞼挙筋）の力を使わず前頭筋を使ってしまっている。

より効率的に眼輪筋を鍛え、さらに皮下の脂肪組織の凹凸も減らす方法、「カオキン体操」（107ページ）を参考にしてください。とっても効果があります。

加えて、**目の周りのしわなどを撃退するために、保湿にも注意**していただきたいと思います。

酷暑の夏や極寒の冬などには、エアコンを使用する機会が増えます。コロナ禍では、オフィスで長時間の仕事をする機会が減り、リモートワークになられた方もいると思いますが、オフィスビルの空調やエアコンは空気を乾燥させやすいのです。もちろん、ご自宅のエアコンも、保湿機能がついていないと肌は乾燥しやすくなるでしょう。

冬場は加湿器を用いて保湿に気をつけるのが一般的ですが、夏場のエアコンでは、そもそも外気が高温多湿なので室内の加湿は忘れがちです。その結果、肌が乾燥するようなことにつながります。

目の周りが乾燥すると、皮膚が薄いので小じわが生じやすくなります。ご自身の目の周辺をよ～く見てください。小じわはありませんか？　目の下の袋状の周辺やまぶたのあたりに、細かいしわが生じているとより老け顔に見られやすくなります。

肌の乾燥対策については、第5章で改めてお話をしますが、目の周りの保湿も気をつけていると良いと思います。マスクから出ている目が、シワシワでたるんでいるのは悲しいでしょう。まばたきを意識して、肌の保湿で小じわを取り除いて、マスクを付けている顔の第一印象の目力を上げましょう！

マスクをとったら目の下の「し」の字しわ

目の下の袋状のたるみに加えて、目の下の方に「し」の字状の深いしわが生じている方もいます。ご自身のお顔の写真をご覧になって、左目の下に「し」の形のしわ、右目の下に「し」の逆のしわが生じていませんか？

目元の袋状のたるみは、マスクから飛び出すように表に出やすいため気づきやすいのですが、目の下の「し」の字しわは、マスクで隠すことができます。放置しているうちに「し」の字が深くなったという方もいるので注意が必要です。

「し」の字しわに関わるのは、目の周りの眼輪筋に加え、頬のたるみに関係する「大《だい》頬骨筋《きょうこつきん》）（65ページイラスト）」です。頬のたるみは、次の項目で詳しくお話をしますが、眼輪筋と大頬骨筋が衰えて表在性筋膜も薄く萎縮していると、目の下の袋状のたるみとは別に、**さらに下に「し」の字しわが生じやすいのです。**

先程の、目の下の袋状のたるみで取り上げた40代の**（5）**の画像（54ページ）と70代の**（6）**（55ページ）の画像を再び比べてみましょう。

目の下の袋状のたるみが、（6）の画像の方がはっきりわかります。その下には大頬骨筋があるのですが、**（5）**と比べて**（6）**は、皮下の脂肪組織の量が減っているのがおわかりいただけますか？　点線の外側の下の部分です。**大頬骨筋が衰えると脂肪組織を支えられなくなり、脂肪組織が下の方にたるむのです。**わかりやすくいえば、大頬骨筋に沿ってまんべんなくついていた脂肪組織が、萎縮しているだけでなく大頬骨筋の支えを失い、重力に従って下に下がるので、皮膚も下に押し下げられます。そのため、一見、目の下の脂肪組織は**（6）**の70代の方が少なくなっているように見えますが、実は脂肪組織は下降して下の方にたまっているのです。それが、頬のたるみやほうれい線になるわけです。

老化防止に大頬骨筋の役目は大きい

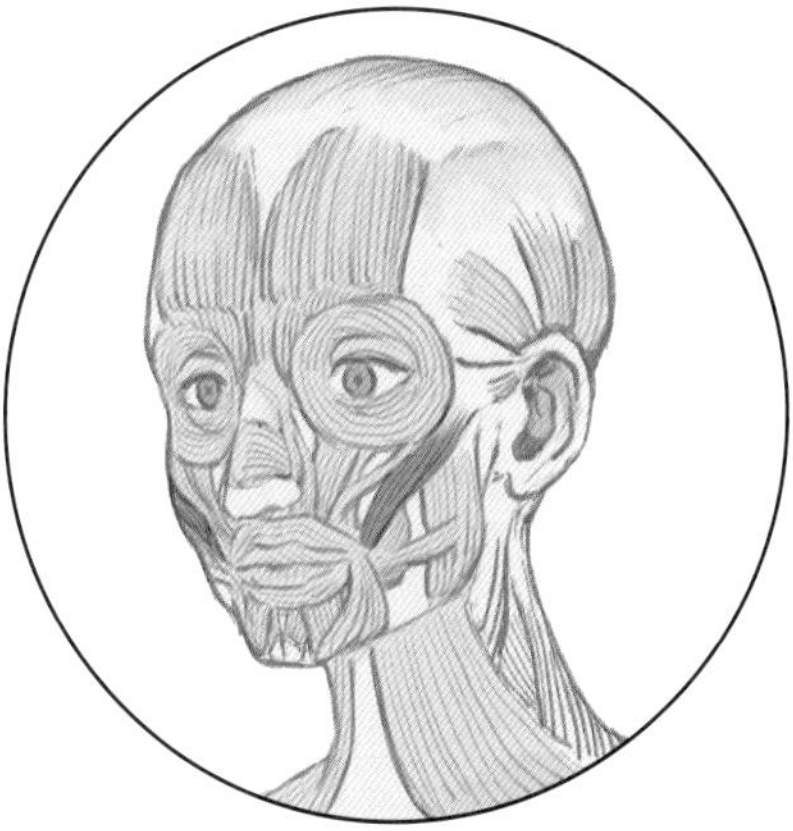

大頬骨筋

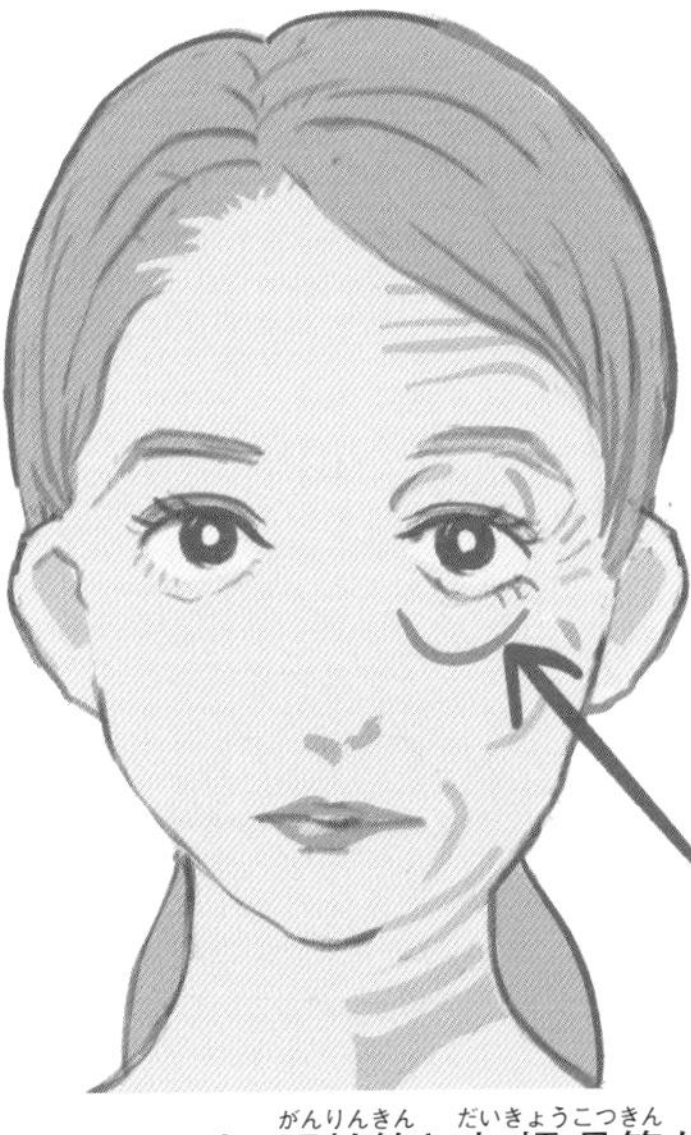

■「し」の字しわは、目の周りの眼輪筋《がんりんきん》と大頬骨筋《だいきょうこつきん》が関係してきます。大頬骨筋が衰えると脂肪組織を支えられなくなり、脂肪組織が下の方にたるむのです。

このとき凸凹した頬の上、目の下の袋垂れの下にもたるみを形成します。それが「しの字しわ」となって現れるのです。**重力に逆らって脂肪組織などをきちんと支えるのは、加齢に伴う機能の低下で難しくなってきます。それは全身の組織でも同じです。**たとえば、胸のラインは若い頃と比べて、中年期以降は下へ垂れ下がってくるのが一般的でしょう。**乳房の中にクーパー靭帯《じんたい》といって、コラーゲンを含む網状の結合組織が張り巡らされ、丸みを帯びた乳房の形を維持**しています。乳房の中をX線で撮影する「マンモグラフィー検査」を行うと、その画像にも映し出されます。ところが、年を重ねるとクーパー靭帯が薄く伸びやすくなり乳腺も萎縮し乳房内はスカスカになっていくのです。20代と60代の乳房を映し出すと一目瞭然となります。

クーパー靭帯は、ゆるみきってしまうと元に戻らないため、加齢や激しい運動などで徐々に失われて乳房が垂れ下がってしまうのです。美胸のお話は別の機会に譲りますが、ご興味をお持ちの方は、私が監修した大手下着メーカーのワコールさんのホームページ『WACOAL BODY BOOK』の「美バストを目指す7つのQ&A」をご参考にしていただければと思います。

クーパー靭帯とは?

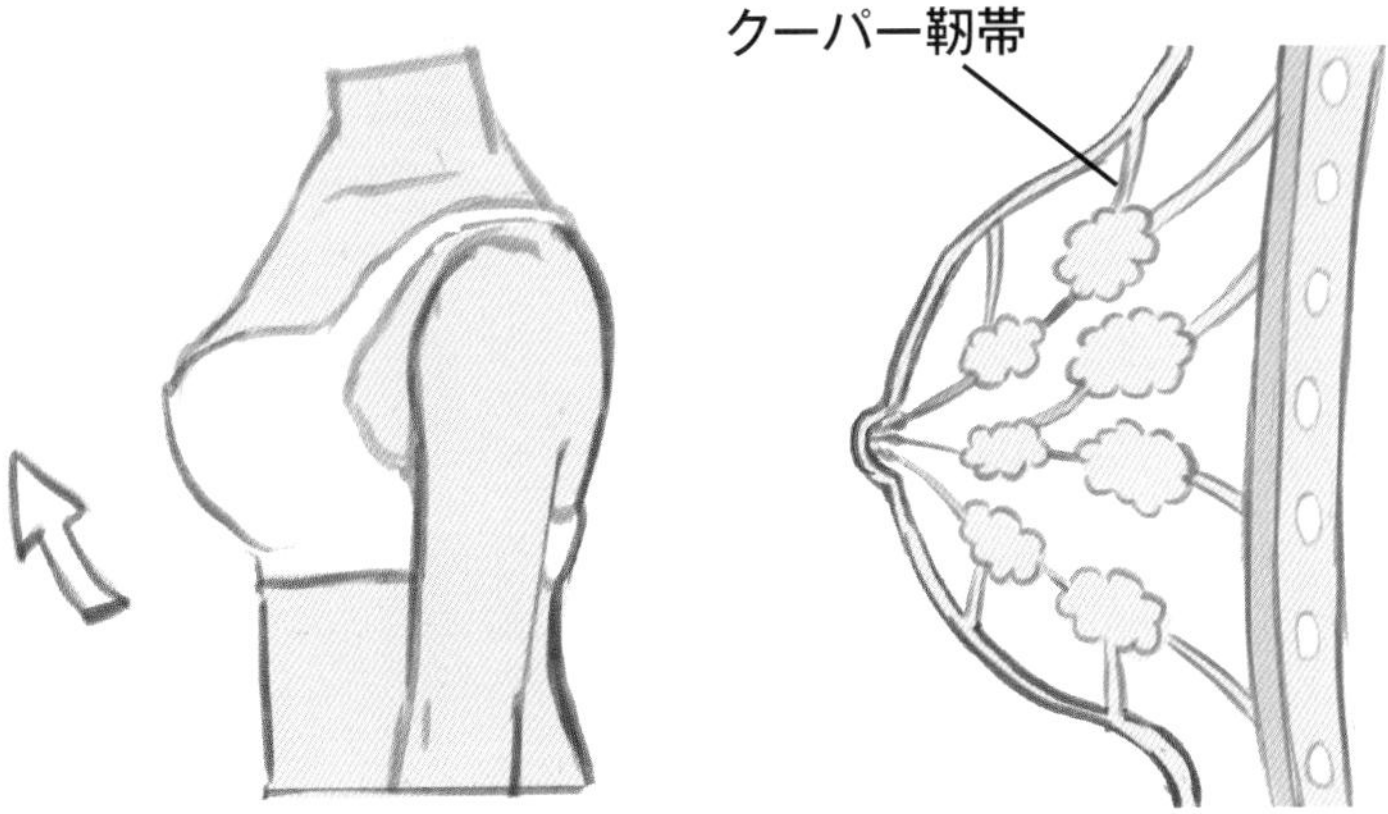

■乳房の中にクーパー靭帯といって、コラーゲンを含む網状の結合組織が張り巡らされ、丸みを帯びた乳房の形を維持しています。

皺眉筋

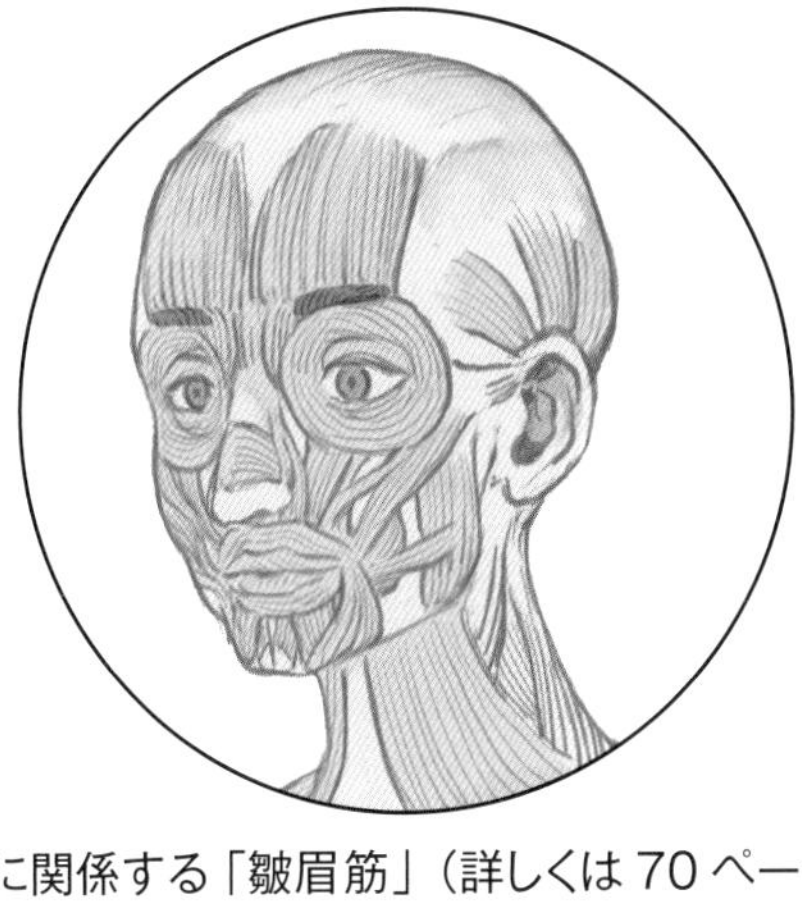

■眉間のしわに関係する「皺眉筋」（詳しくは 70 ページ）

さて、老け顔の話に戻りましょう。**表情筋や表在性筋膜の衰え、脂肪組織の変化によって、たるみは顔のあちこちに連続して生じるようになります。**

目の下の袋状のたるみ、そのすぐ下の「しの字しわ」、後ほどお話をする頬のたるみ、二重あご、首の輪のようなたるみ……。

古くなったベッドのマットレスをイメージしてみてください。マットレスが凸凹していると、上に敷いたシーツもよれて凸凹します。

表情筋や表在性筋膜が薄くなって皮下脂肪組織も支えられず下がっているのは、マットレスがよれているような状態です。目の周りの小じわは、シーツがしわしわになった状態といえるのです。

シーツはアイロンをかければピンと張った状態になりますが、顔のしわは皮膚の表面上のケアだけではピンとしたハリを戻すことにはなりません。特に乾燥した肌では、目の真下や袋状のたるみ周辺、「しの字しわ」の内側にも、細かいしわが生じることがあります。夏場のエアコン、秋から冬への乾燥した空気、春の花粉などの異物なども、薄い目の周りの皮膚にダメージを与えやすいといえます。

土台のマットレスの表情筋や表在性筋膜を「カオキン体操」で鍛えて凸凹を減らし、**保湿などでお肌を守ることも重要**なのです。保湿や栄養については、第5章で詳しくご紹介します。

目の周りのしわでは、もうひとつ、眉間のしわが気になるという方もいるでしょう。とっても**美しい顔立ちなのに、眉間に縦じわがくっきり。笑ったときも、そのしわが消えない方がいます。**

眉間のしわができる理由をご存知ですか？　理由は簡単です。眉間にしわを寄せる機会が多いと、しわが深く刻まれやすいのです。

怒ったとき、イヤなことがあったとき、眉間にしわが寄るような表情になりやすいといえます。仕事や家庭の中では、ストレス社会といわれる現代は、ご自身の思うようにならないことはあって当たり前といえるでしょう。特に長らく続くコロナ禍で、ストレス発散の場も失われました。

生活環境の変化に加えて我慢を強いられ、眉間にしわが寄るような事態が次々と起こっても、不思議なことではありません。**気がつけば、いつも消えない眉間の縦じわが烙印のように生じることがあるのです。**

眉間のしわは、目の周りの眼輪筋とは異なる表情筋が関係しています。その名も**皺《しゅう》眉筋《びきん》です。**皺《しわ》と眉《まゆ》の漢字が当てはめられているとおり、縦じわを作るのが皺眉筋なのです。

眉をひそめると、皺眉筋が眉毛と眉毛の間に向かって縮むことで盛り上がり、眉間に縦じわができます。動物の顔も、威嚇するときには縦じわが生じるので、人間も、怒っている表情を作るためのパーツとして、縦じわが生じるのかもしれません。

ただし、眉間にしわが生じたときには、眼輪筋はあまり動いていないのです。むしろ、まぶたや目尻は下がって、眼輪筋はいわば休んでいるような状態になります。そのため、眉間にしわを寄せ続けても、縦じわを増やすだけで眼輪筋を鍛えることにはつながりません。むしろ、眉間の縦じわだけが深くなってしまうため、皺眉筋はなるべく使わない方がよいといえます。

不快なことで皺眉筋が動きそうになったら、指で抑えて動きを止めると縦じわ防止

になります。「顔で笑って言葉で怒り〜」というのが、ちょっと雰囲気が怖いですが、縦じわ予防に役立つといえます。指で眉間を抑えてしわを広げて、心を落ち着けてはいかがでしょうか。

老け顔に拍車をかける〝垂れ頬〟

同窓会などで同年代の人と会うと「昔と変わらないね〜」など、外見の話で盛り上がることがあるでしょう。同じような年齢で似たような顔の輪郭のはずなのに、なぜか一方の人は若く見えて、もう一方の人は老けて見える——。

この老けた顔とそうでない顔の識別を、みなさんは顔のどのパーツで感じますか？

ここで注目するのは「頬の位置」です。第1章の老け顔チェックで、仰向けのご自身の顔よりも座ったときの顔の方が、頬が垂れていた人は要注意です。

頬の老け度をさらに調べるために、ご自身の顔を鏡に映してみてください。

①　頬の一番高い頬骨付近の位置をチェックしましょう。頬で一番盛り上がっている

部分を映す鏡を指で押さえます。実際の顔ではなく、鏡を指で押さえてください。

② 次に笑顔を作ってみましょう。頬で盛り上がる部分が変わるでしょう。笑うと目の下の頬骨付近が一番盛り上がって高くなります。

①の頬の一番高い部分の位置と、②の頬の一番高い部分の位置がどれだけ離れていますか？ ①と②が頬骨付近にあり、①と②の位置があまり変わらない人は、若い顔といえます。

①の方が②よりも下がっているのが普通ですが、①の位置が下降しているほど「老け顔」に見られやすいのです。これを「垂れ頬」と称します。**「垂れ頬」は表情筋や表在性筋膜の衰えの証ともいえます。**

では、75ページの頬骨付近を輪切りにした20代の方の画像（**8**）と、40代の方の画像（**9**）と、70代の方の画像（**10**）を比べてみましょう。外側の皮膚の下に「大頬《だいきょう》骨筋《こつきん》」や「小頬骨筋《しょうきょうこつきん》」といった表情筋が見えます。矢印で示した部分です。

20代の画像（**8**）は、大頬骨筋や小頬骨筋といった表情筋は厚みを帯びています。

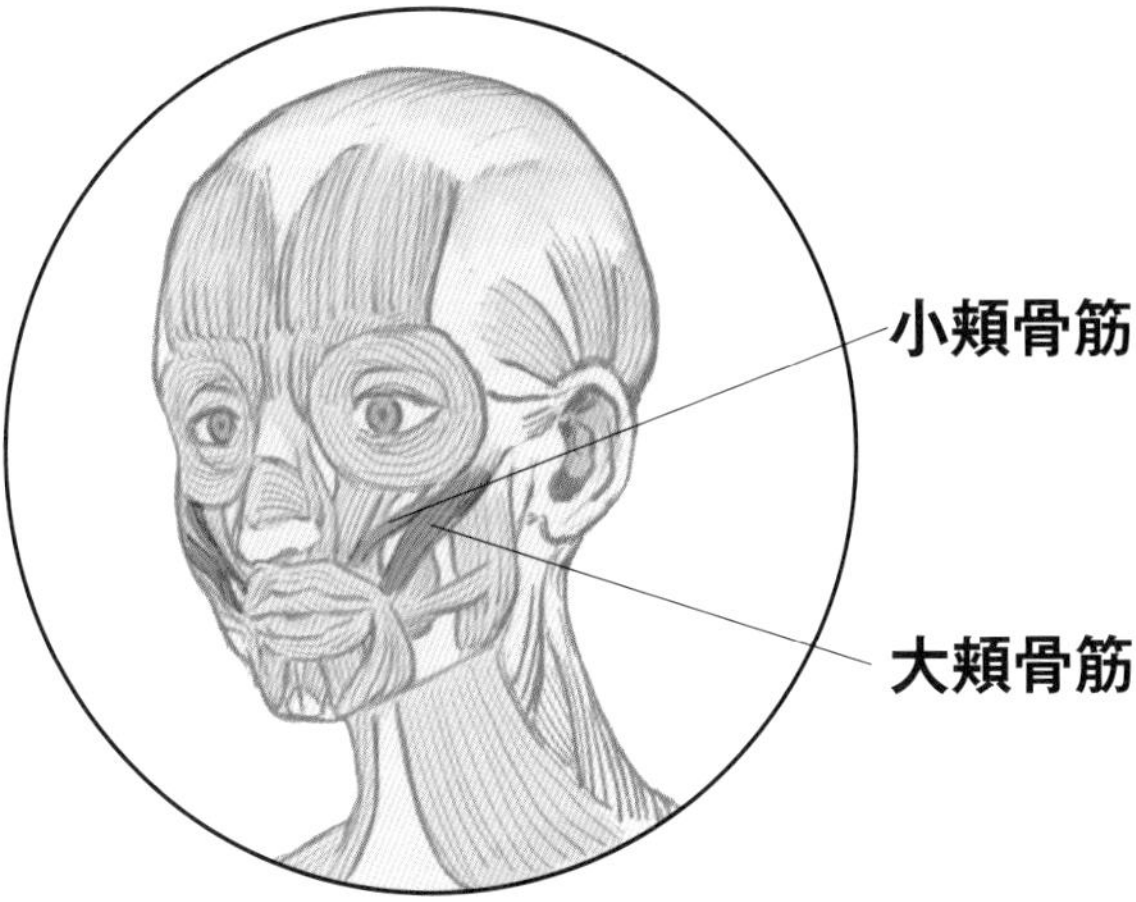

鏡で頬の老け度をチェック

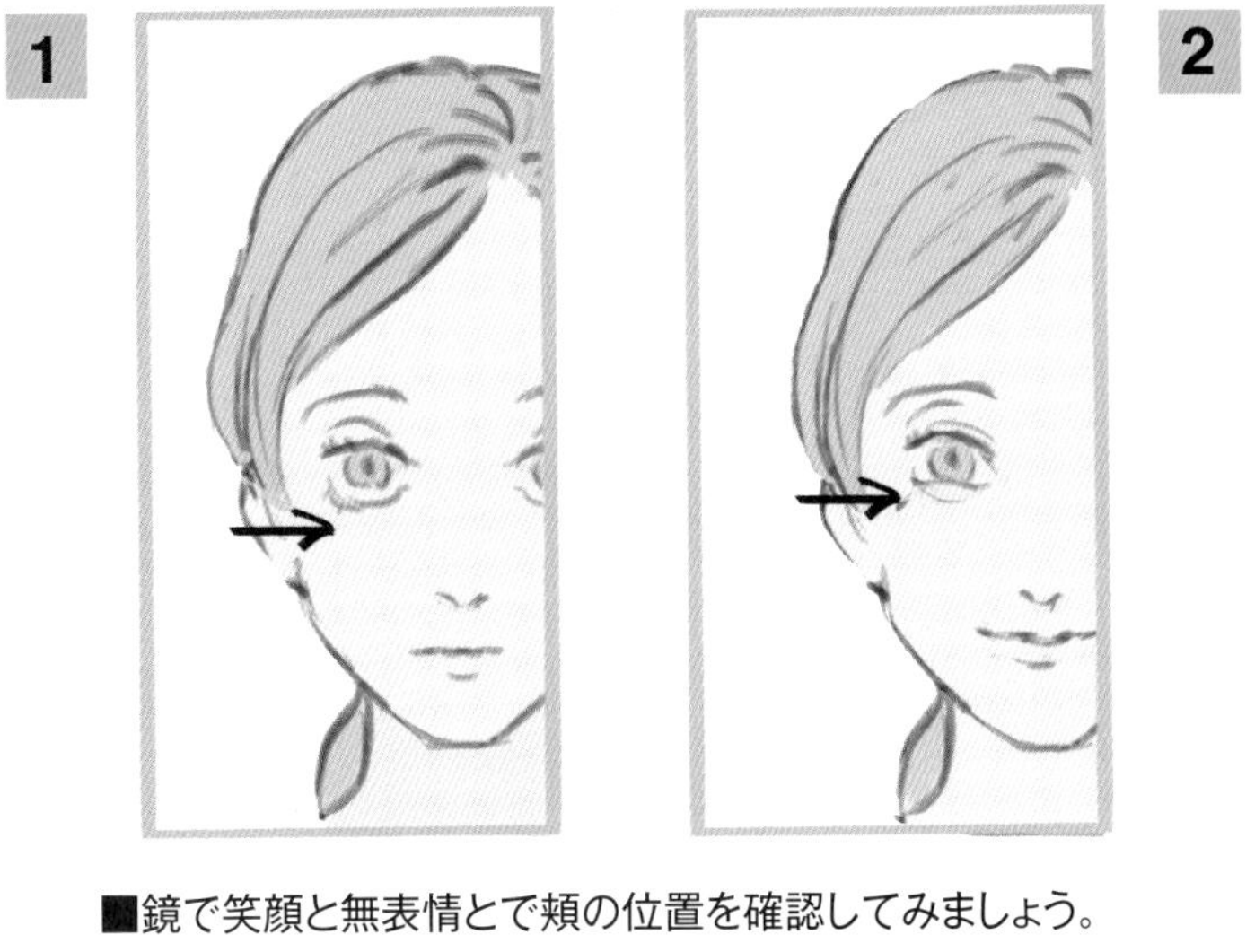

■鏡で笑顔と無表情とで頬の位置を確認してみましょう。

それに対し、40代の画像（9）では表情筋が薄くなり始めています。70代の画像（10）は、非常に薄くなってしまっているのがおわかりいただけるでしょうか。

3次元画像でも比べてみましょう。わかりやすくお示しするため、鼻から横線を引きました。この線と頬の位置にご注目ください。

20代の目の下の頬骨部分の状態は、フラットです。頬の位置が高く鼻から引いた横線の上下でも凹凸は見られません。また、全体的に丸みを帯びた状態になっています。

一方、40代の3次元画像を見ると、鼻の横線より下に、頬がやや下がっているのが見えます。

20代の方と比べて表情筋が薄くなっているため、脂肪組織が下がりはじめているのです。40代の3次元画像の頬の下、ほうれい線の上にやや凹凸が生じているのがおわかりいただけると思います。

また、全体的に細長い状態です。これは、骨格とは関係なく、表情筋や表在性筋膜の衰えで、脂肪組織が下降した結果、顔がやや長く見えるのです。70代の3次元画像では、さらに頬の下降や凹凸、ほうれい線などのしわが顕著になります。

20代女性、40代女性、70代女性の
三次元CT画像と頬を輪切りにしたCT画像

[8]20代　[9]40代　[10]70代

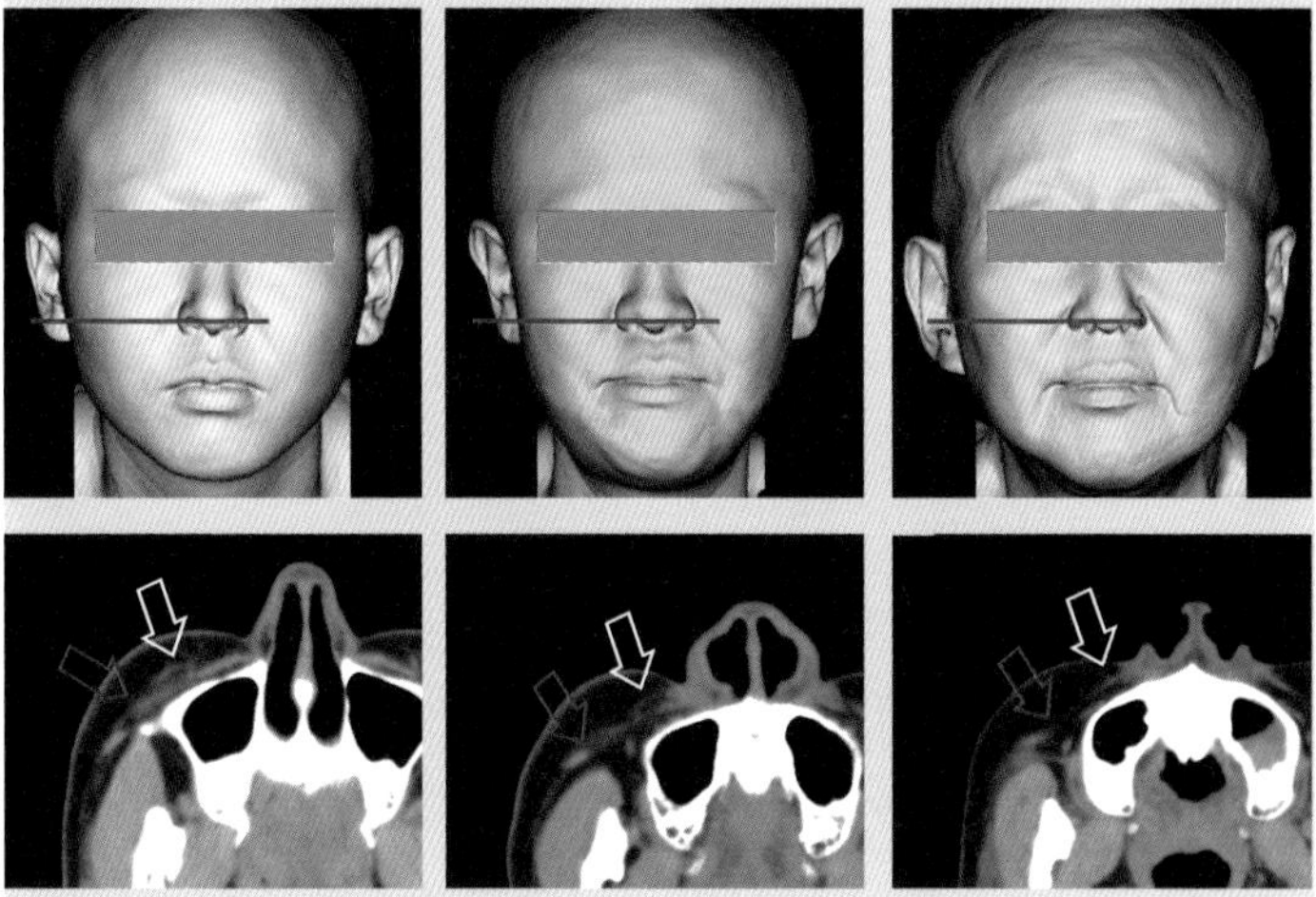

■ 20 歳代では頬がふっくらと丸い。
皮下では大頬骨筋（赤矢印）や
小頬骨筋（黄色矢印）が厚い。
歳を取るに従って、頬の丸みが失われてくる。
皮下では大頬骨筋（赤矢印）や
小頬骨筋（黄色矢印）が薄くなっている。

表情筋だけでなく表在性筋膜も衰えてしまっているため、全体的に脂肪組織が下降したことで、あごのラインも波打つようになっています。

皮下の脂肪組織は、平らな状態ではなく、偏ったかたまりのような状態になりやすいのです。**表情筋や表在性筋膜に厚みがあってしっかりしていると、脂肪組織の偏りを抑え込むことができます**が、脂肪組織が偏っているときは、表情筋や表在性筋膜もペラペラになっていることが多いのです。そのため、脂肪組織をしっかり支えることができず、皮膚でも支えきれないので、重力に従って下に垂れ下がります。これが「垂れ頬」です。

今回、ご協力いただいた40代と70代の方は、同年齢の方よりも見た目は若々しいといえます。それでも、顔面加齢の画像診断を行うと、表情筋や表在性筋膜、脂肪組織の衰えを見ることができます。逆にいえば、それらの衰えを第3章の「カオキン体操」で鍛えれば、より若々しい顔を実感できるでしょう。

さて、大頬骨筋や小頬骨筋は、目の下の頬骨付近から口元につながる表情筋です。コロナ禍でのマスク習慣で、口を大きく開けることなく、口をほとんど動かすことなく話をしたり、無表情の状態を長らく続けていると、大頬骨筋や小頬骨筋といった表情筋が衰えてきます。同時に、大頬骨筋や小頬骨筋などの表情筋同士を結びつける表在性筋膜もゆるんでいきます。

表在性筋膜（79ページイラスト）は、あごから顔の側面、目元まで連なり、表情筋をつないで動かしています。薄い膜状の構造ですが、厚みと柔軟性があると、しなやかな皮のように表情筋と協調するように動きます。その下の脂肪組織も良い状態に保って、たるみやしわを防いでくれます。そのため、大手化粧品会社のコーセーさんは、表在性筋膜を「美容筋膜」と称しています。

この〝美容筋膜〟が衰えて支える力を失うと皮膚とともに脂肪組織が重力に従って押し下げられ、「垂れ頬」を作り出してしまうのです。

もう一度、75ページの40代の画像（9）と70代の画像（10）を見てください。立体的な左側の画像を比べると、70代の方が頬の高い部分の厚みはありますが、位置がやや下降しているのがおわかりいただけると思います。

厚みがあって垂れ下がるのも「垂れ頬」の特徴といいます。**「垂れ頬」は笑うと上に上りますが、真顔になれば一気に下がります。**この下降が激しければ激しいほど、「垂れ頬」が進んでいる証ともいえるのです。もう一度、鏡を見て、真顔から笑顔を作ってみてください。どれだけ頬の高い位置が上がりましたか？

笑ったときに頬の位置が急上昇するのではなく、ちょっと上がる。それが若さの指標となります。**脂肪組織が頬のたるみの原因というと「痩せればいいんじゃない？」とおっしゃる方がいますが、顔の脂肪組織はそれほど単純な構造ではありません。体重を落としても「垂れ頬」が消えるとは限らないのです。**

たとえば、お腹についた脂肪も、若いときには体重を落としただけでスッキリしたウエストラインになりますが、加齢とともに、急激な減量をするとお腹周りの皮膚がたるむ、しわがよるといったことにつながるでしょう。

表在性筋膜

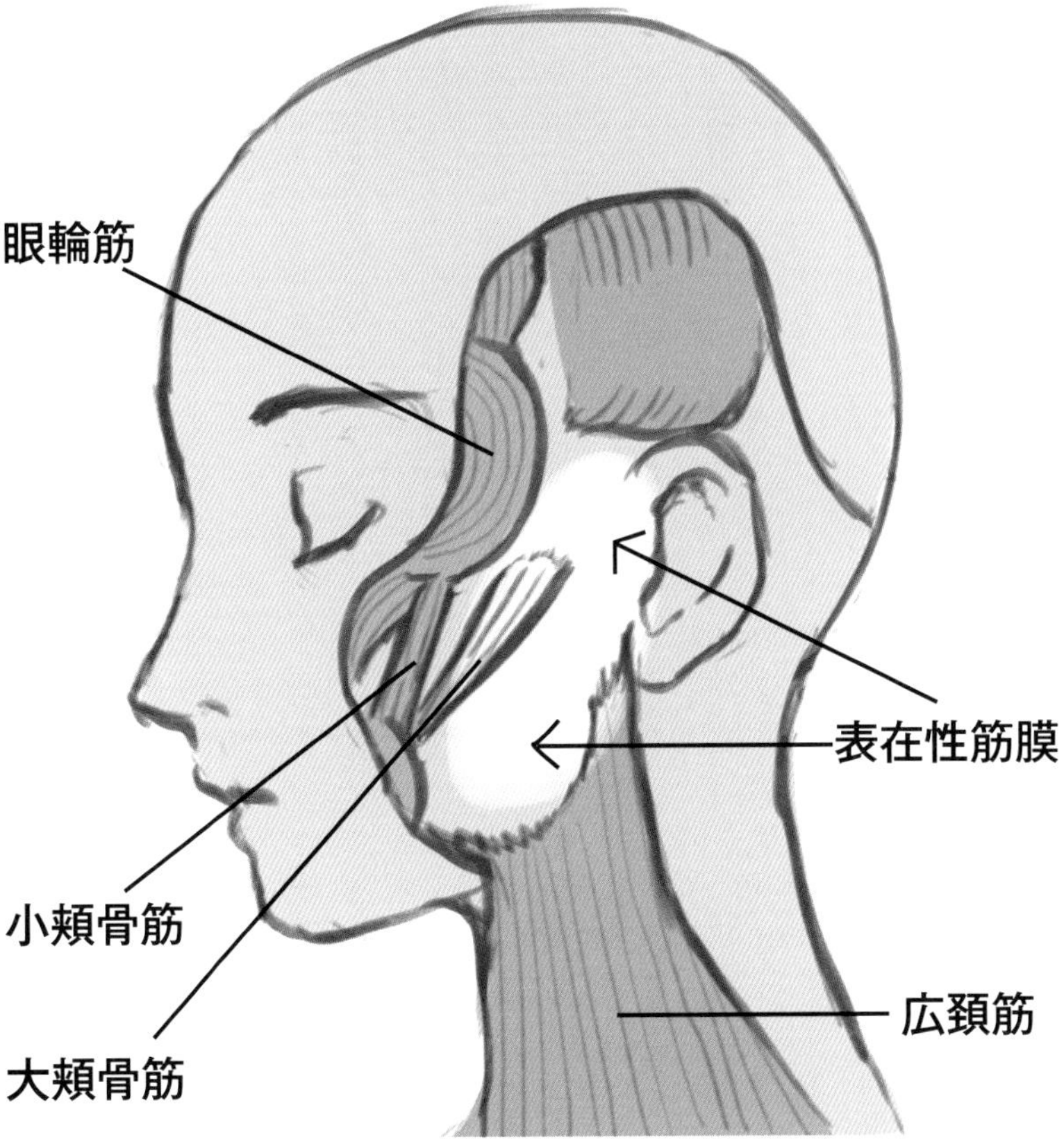

■表在性筋膜は、あごから顔の側面、目元まで連なり、表情筋をつないで動かしています。薄い膜状の構造ですが、厚みと柔軟性があると、しなやかな皮のように表情筋と協調するように動きます。その下の脂肪組織も良い状態に保って、たるみやしわを防いでくれます。

脂肪で伸びた皮膚が、脂肪が減っても元に戻らないことに関係します。加齢に伴い変化した脂肪組織も、その量を減らすことができたとしても、顔の土台である表情筋づくりをしないと「垂れ頬」を解消するのは難しいのです。

こうお話をするとたいへんそうに思いますが、**重力によって下がった脂肪組織を解消するのは、ダイエットで5~10kg体重を落として、お腹を凹ますよりも簡単です。**減量とは関係なく、脂肪組織が重力に従って下がらないように、表情筋を鍛え、表在性筋膜にハリを持たせ、支えてあげればよいからです。第3章の「カオキン体操」を1回2~3分、週2回のゆる~い努力で大丈夫です。ゆる~い努力を続けていると、若々しい顔を維持することが可能です。

一般的に顔の表面の皮膚の老化を気にされる方が多いのですが、皮下の脂肪組織も、加齢や表情筋などの機能低下によって形状が変化します。

若く見える方の頬は、ピンと張って触ると強い弾力あります。その脂肪組織は、頬から口元へと薄く広く連なっているのです。ところが、加齢とともに脂肪組織が萎縮するだけでなく下の方へ垂れ下がります。頬の下の方にかたまりを形成し、「垂れ頬」を生み出しているのです。

下垂した脂肪組織のかたまりは、皮下に均等に分布していないため皮膚の表面に山が連なるような凸凹を生じさせます。

目の下の袋状のかたまりが小さな山、その下の「垂れ頬」が次の大きな山といった具合です。

山と山の間にはしわができます。目の下の袋状の小山の下には、先程お話をした「し」の字しわが長く伸びるようになります。さらに、「垂れ頬」の下には、口の周りの「口輪筋《こうりんきん》」などの表情筋が連なるため、その線に沿ってしわが生じます。それが、次にお話するほうれい線やマリオネットラインとなるのです。

「垂れ頬」の原因となる表情筋や表在性筋膜の衰えは、第3章でご紹介する『カオキン体操』の「ニパニパ体操」や「リガメントほぐし」で改善することができます。脂肪組織の下垂など加齢に伴う変化にも、ゆる〜い努力で抵抗できます。諦めないで、老け顔脱却を楽しみましょう！

フェイスリフティングでも消えないほうれい線

第1章の老け顔チェックで、ご自身の仰向けになったときの顔と、起き上がったときの顔を改めて比べてみましょう。しわはありますか？

くっきりとしたしわで目立ちやすいのが「ほうれい線」です。仰向けで撮ったときは映っていないのに起き上がるとほうれい線が目立つ方もいます。その理由は、先にお話をした「垂れ頬」と大いに関係しています。

仰向けの画像は、重力が頭の後方にかかるため「垂れ頬」は軽減します。仮に頬の脂肪組織が垂れるとすると、あごの方ではなく、耳の方になります。**仰向けになって、頬骨の左右の脇を両手の指で抑えて、かなり脂肪がたまっている……という場合は、余分な脂肪がつき過ぎている**ことになります。

座ったときには、重力に従って脂肪組織はあごの方へ下がって垂れ頬になります。大頬骨筋の先は、唇の周りの**口輪筋**《こうりんきん》があり、頬の下の方には、えくぼを作る**笑筋**《しょうきん》や、口角を下げる**口角下制筋**《こうかくかせいきん》（84ページイラスト）など、大頬骨筋とは別の表情筋が連なっています。

その上で大頬骨筋《だいきょうこつきん》や表在性筋膜などの衰えに伴って脂肪組織が垂れ下がることで、ほうれい線がくっきり現れるのです。

「垂れ頬」は大頬骨筋や小頬骨筋《しょうきょうこつきん》といった表情筋、表情筋同士を結ぶ表在性筋膜、その下の脂肪組織などの下垂が関わることをすでにお話しました。「垂れ頬」のゆるゆるの状態は、画像診断で診ると明らかになります。

まずは、85ページの20代の画像（**A**）をご覧ください。3次元画像では、ほうれい線は見えません。CT検査で縦切りにした画像（**A1**）を見ると、フェイスラインは線で示すように、「V字」になっています。さらに詳しく解析した画像（**A2**）では、矢印の部分のように、表情筋や表在性筋膜が厚くなっています。

笑筋

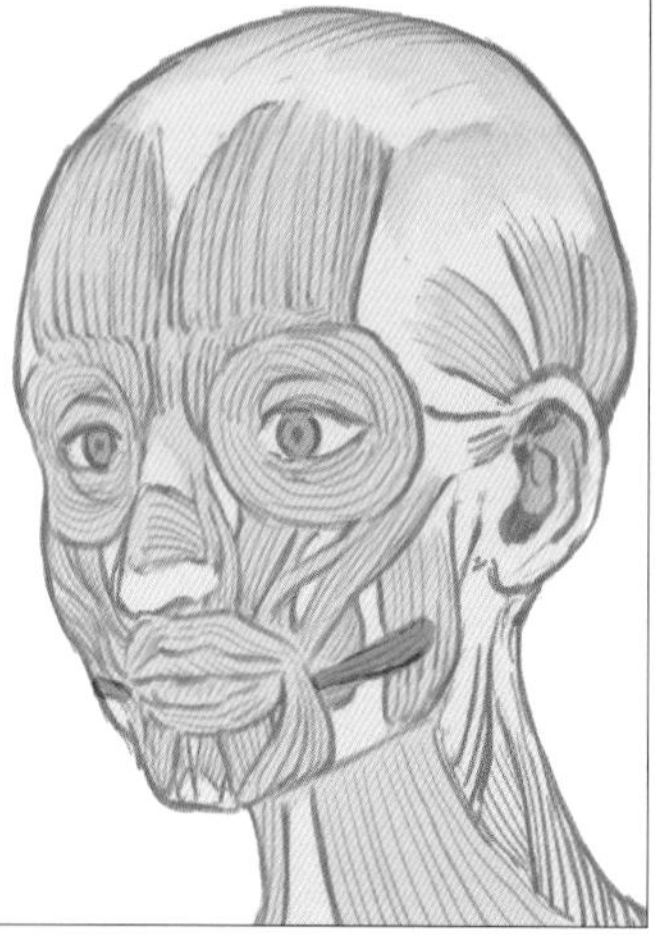

口角下制筋

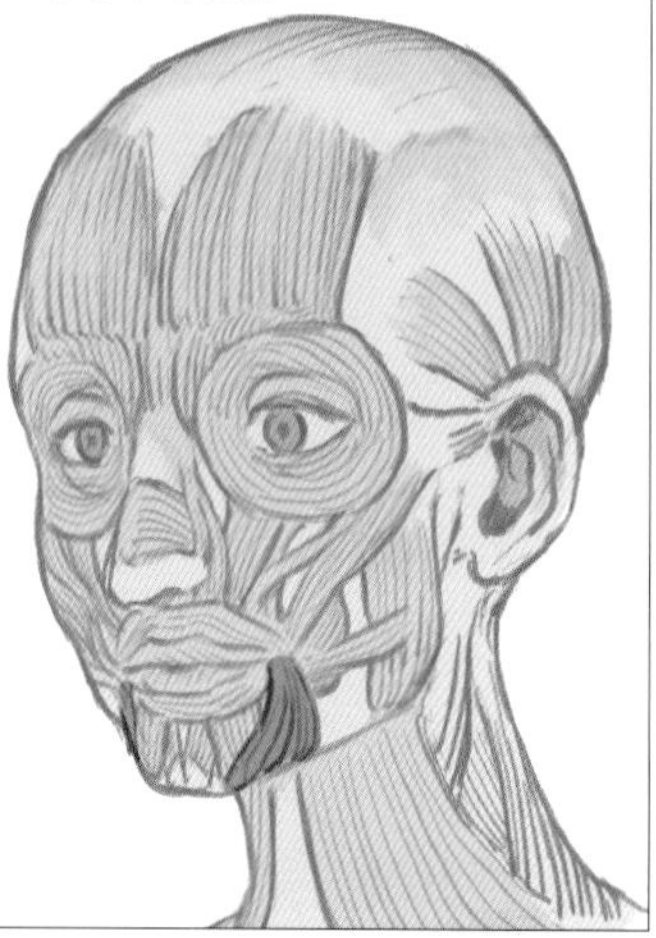

口輪筋

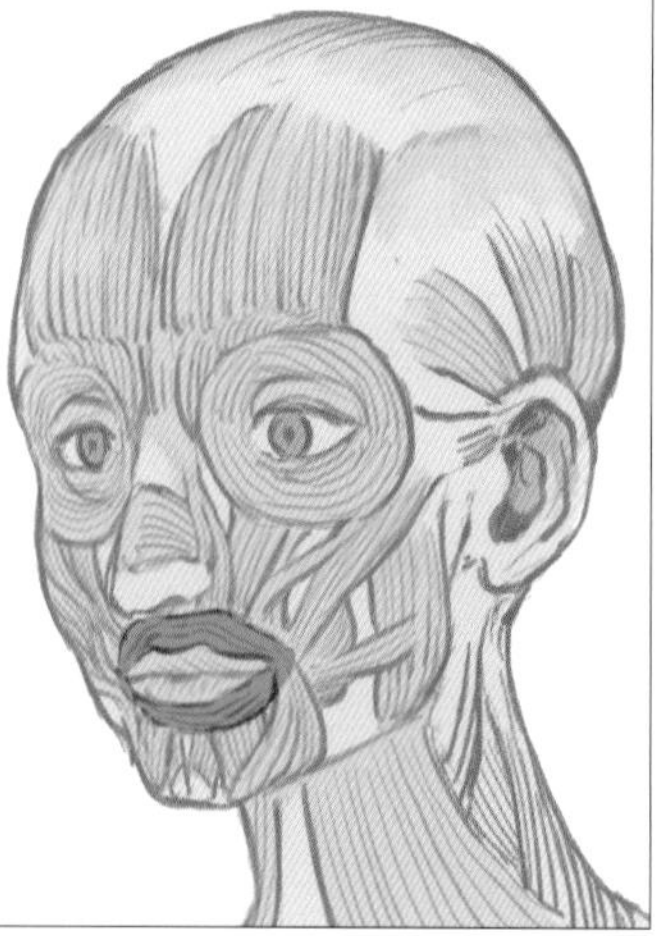

■重力に従って脂肪組織はあごの方へ下がって垂れ頬になります。大頬骨筋の先に、唇の周りの口輪筋、頬の下の方には、えくぼを作る笑筋や、口角を下げる口角下制筋など、大頬骨筋とは別の表情筋が連なっています。

20代女性の画像

A

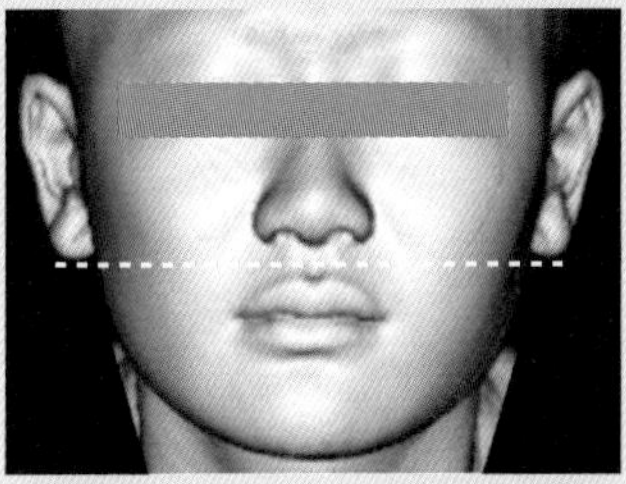

ほうれい線は
目立たない

A1

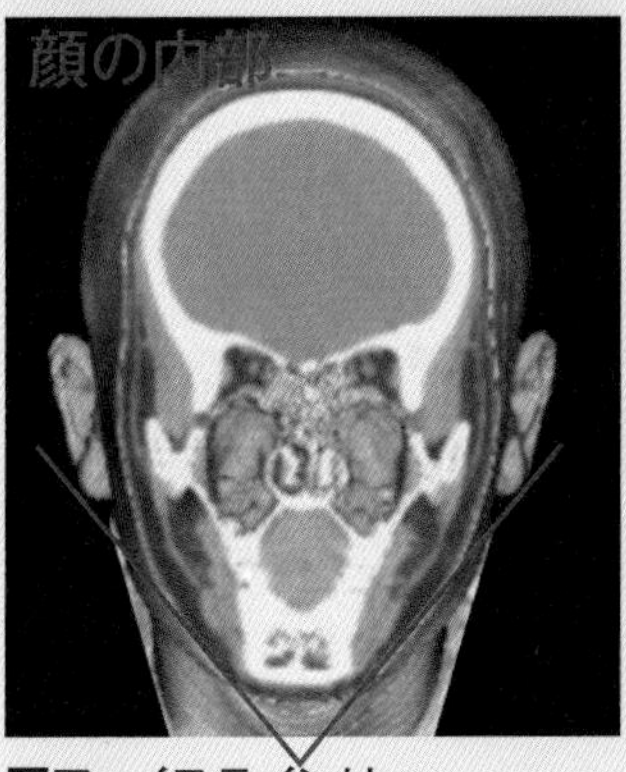

■フェイスラインは
美しいＶライン。

A2

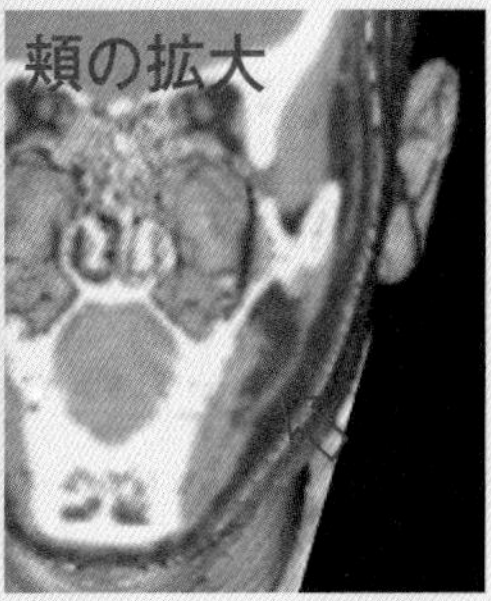

■赤矢印：
表情筋や表在性筋膜は厚い。

A3

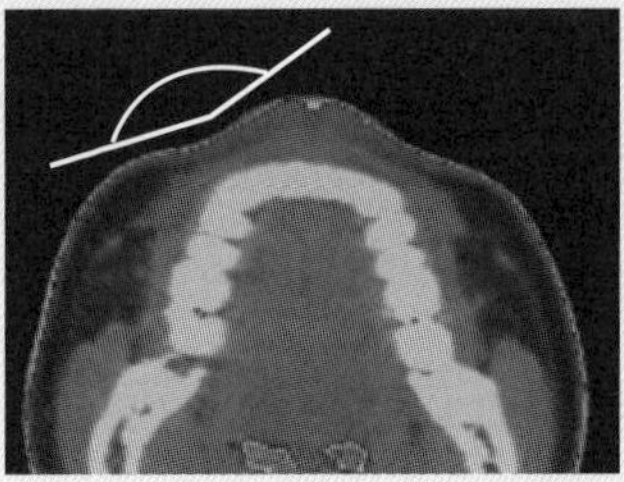

■黄色線の輪切り：ほうれい線は浅く、角度はほとんどフラット。

ほうれい線を調べるＣＴ検査の輪切り画像（A3）でも、ほうれい線を示す角度はほとんどフラットといってよく、ほうれい線が浅いことがわかります。

さて、40代の画像（B）を見てみましょう。３次元画像でほうれい線が深くなってきたことがわかります。ＣＴ検査で輪切りにした画像（B1）でも、フェイスラインは「台形」になりつつあります。詳しく解析した画像（B2）でも、表情筋や表在性筋膜は薄くなっていました。また、ほうれい線を調べる輪切り画像（B3）でも、角度が出てきてほうれい線が深くなっていることが示されました。

70代の画像（C）になると、３次元画像でほうれい線がかなり深くなっていることが一目瞭然です。ＣＴ検査で輪切りにした画像（C1）では、フェイスラインの「台形」が深く横広がりになってきています。この「お椀あご」こそが、ほうれい線の原因です。

詳しく解析した画像（C3）を見ると、表情筋や表在性筋膜が薄くなってみえにくくなっていました。

つまり、それだけ衰えているといえます。

40代女性の画像

B

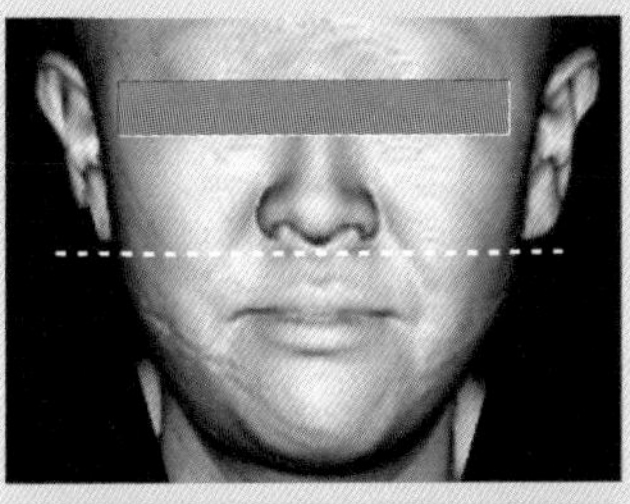

ほうれい線が
深くなりつつある

B1

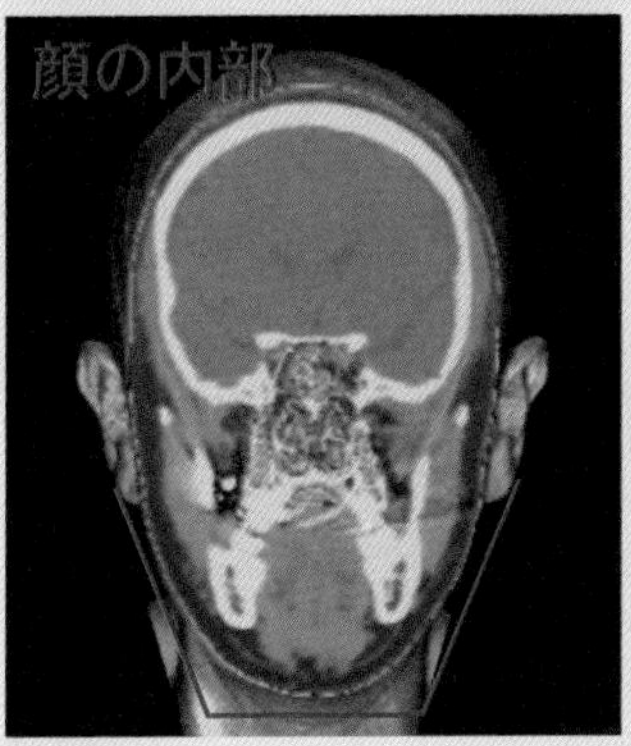

■フェイスラインは
台形になりつつある。

B2

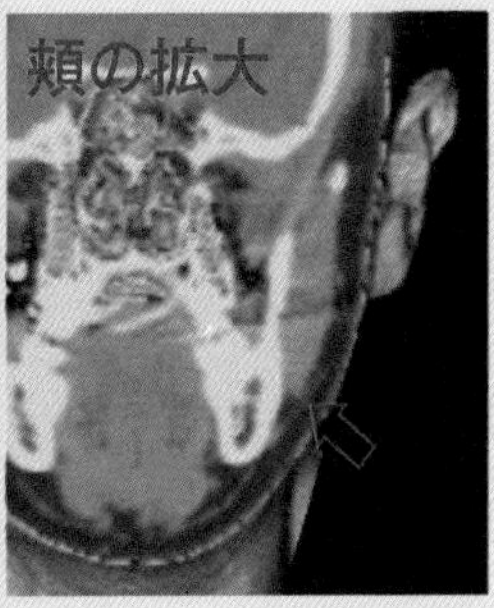

■赤矢印：表情筋や表在性
筋膜が薄くなってきている。

B3

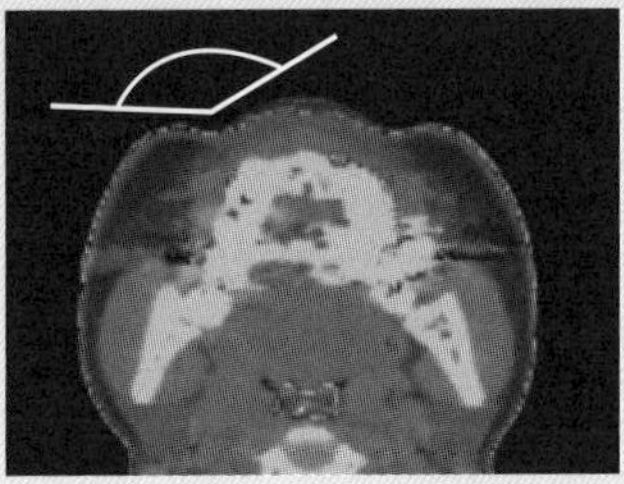

■黄色線の輪切り：ほうれい線
が深く、角度も出ている。

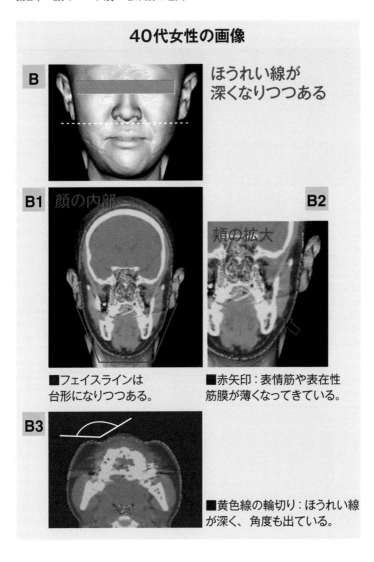

その結果、ほうれい線を調べた輪切りのCT画像（**C3**）では、角度が40代の方と比べても鋭角になり、ほうれい線が深くなっていることが示されました。

「お椀あご」を形成しているのは骨格ではなく、主に脂肪です。中には、骨格がお椀に近い方もいますが、一般的には、骨格に沿った顔のラインはV字に近い形になります。V字ラインの上に「垂れ頬」が乗った結果、「お椀あご」になっているのです。

皮膚に沿って下に垂れ下がると、「お椀あご」ではなく、ミニチュアダックスフンドの耳のように、あごの両脇から皮膚が脂肪の重さに従って垂れ下がるようなことが起こります。でも、厚くしっかりとした表情筋があると、そうはならないのです。「垂れ頬」に関与する大頬骨筋や小頬骨筋は、口元の口輪筋につながり、大頬骨筋や小頬骨筋がたるむと、頬の脂肪が下がり、口輪筋との境目に大きなしわが寄りやすくなります。それが「ほうれい線」です。

では、91ページの**CTの顔の断面図で比べてみましょう。**

20代の（11）は、目の下から頬、口元にかけて、ふっくらとして丸みを帯びています。ラインを引くとゆるやかな丘のような状態がよくわかります。

70代女性の画像

C

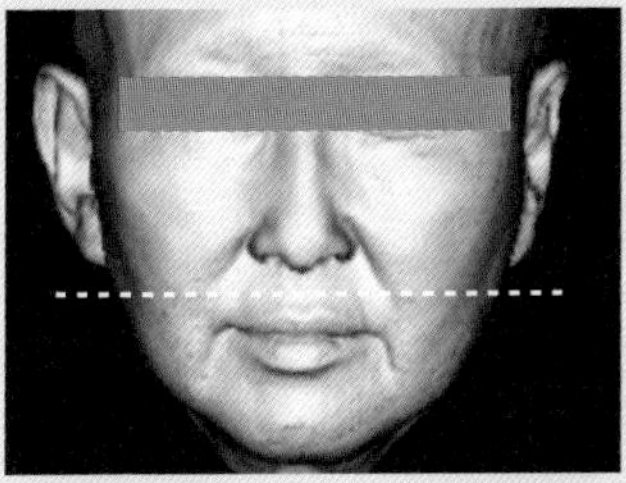

C1

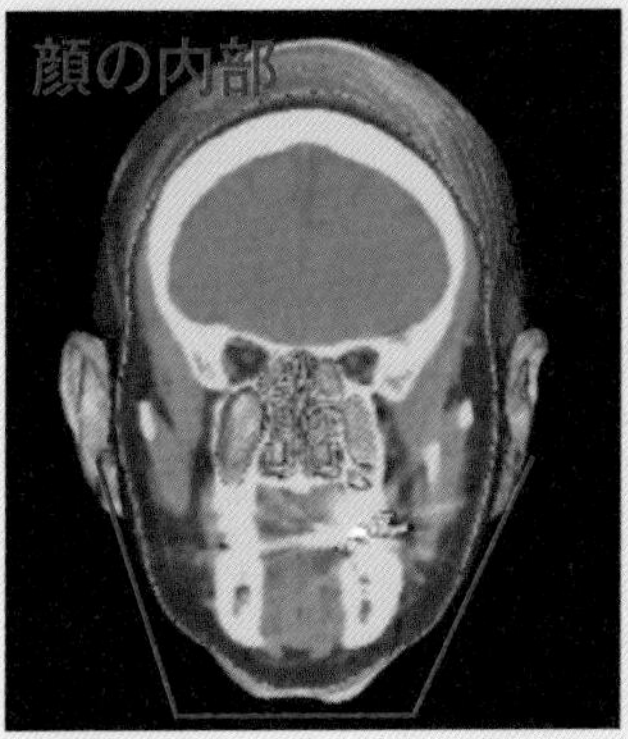

■フェイスラインは
深い台形。

C2

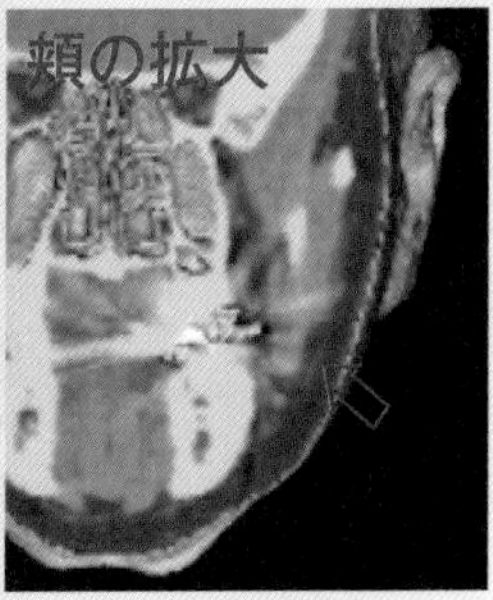

■赤矢印：表情筋
や表在性筋膜は薄く、
見えにくい。

C3

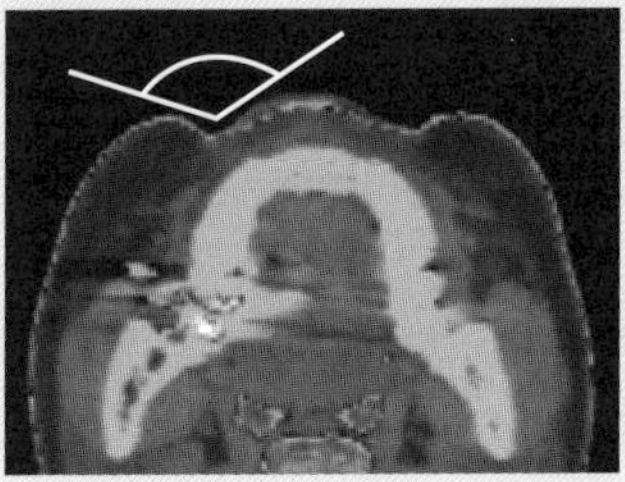

■黄色線の輪切り：
ほうれい線がさらに深くなっている。

40代の（12）は、ラインを引くと波打っています。表情筋が衰えてきて頬が垂れ下がり、ほうれい線も生じているため凹凸ができるのです。70代の（13）を見ると、さらに波打っているのが明らかです。全体的に下がって凸凹している様子が、画像からわかります。

「お椀あご」のほうれい線だけでなく、マリオネットラインも生み出します。

マリオネットラインのマリオネットは、操り人形のことです。糸で口を操るために、口元に縦線がついているでしょう。口角からあごへ真っすぐ伸びるしわが、マリオネットの口に似ていることから「マリオネットライン」と称されています。（95ページ写真）では、なぜマリオネットラインはできるのでしょうか。

「垂れ頬」で「お椀あご」の状態を放置していると、重力に従ってどんどん下がります。試しにご自身のお顔を鏡などで見ながら、口角を下げてみましょう。「え〜っ、ひどい〜」などとネガティブな言葉を発声しながら思いっ切りどうぞ。

このとき、ほうれい線はもとより、マリオネットラインが刻まれ、あごにはくるみのようなかたまりが浮き出してくるのが一般的です。

顔の縦断面

[11]20代女性

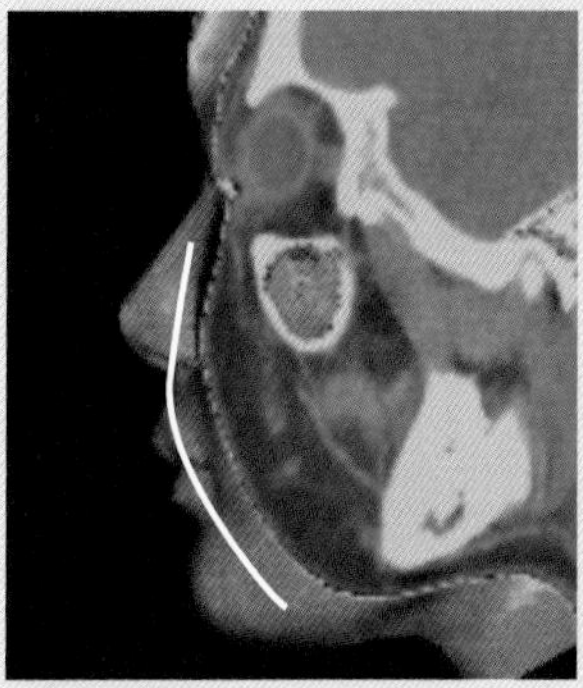

[12]40代女性

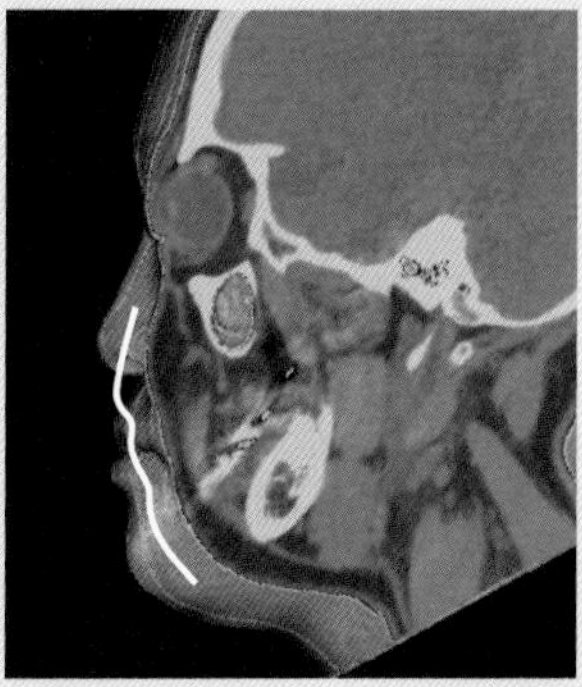

[13]70代女性

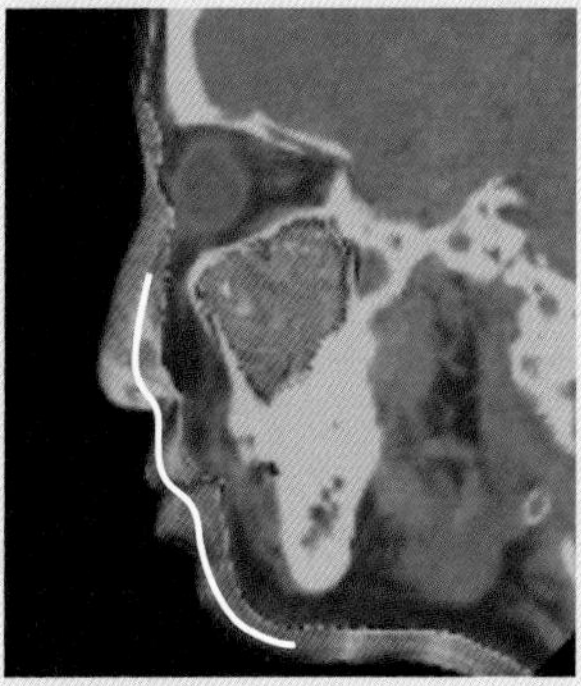

20代：頬はふっくらと丸く、山の位置が高い。
40代：頬が下がり、少し波打ってきた。
70代：頬の下垂とほうれい線のため、顔の断面が波打っている。

老けていなくても、口角を下げて表情筋を下の方へ引っ張るだけでも、「垂れ頬」を作り出すことができるのです。この口元が「老け顔」では日常的に起こり、普通の顔をしているときも、ほうれい線やマリオネットラインが刻まれるようになるのです。

次に両手で、ほうれい線の辺りから、頬を上の方へ持ち上げてみてください。ほうれい線やマリオネットラインは消えるはずです。消えない方は、残念ながらちょっと重症なのかもしれません。第3章の「カオキン体操」にすぐに取り組みましょう！

さて、**第1章**の老け顔チェックのご自身の仰向けの画像をもう一度ご覧ください。座ったときにはっきりしていたほうれい線やマリオネットラインが薄くなった、あるいは、消えてしまった方もいるでしょう。

つまり、「垂れ頬」と「お椀あご」を解消すれば、自然にほうれい線やマリオネットラインも目立たなくすることもできるのです。

「垂れ頬」や「お椀あご」は、表情筋や表在性筋膜、脂肪組織の変化が関わることをお話してきました。口角を下げるような日常的な表情もよくありません。先程、意識して口角を下げて、ほうれい線やマリオネットラインがくっきり現れることをご確認していただきました。日常的に口角を下げていると、ほうれい線やマリオネットラインが生じやすくなるのです。笑顔を心がけ、「への字口」にご注意くださいね。

とはいえ、コロナ禍での生活環境の変化など、笑ってばかりいられるような状況でないといわれる方もいるでしょう。涙が出るほどつらくて悲しいときには、口角が下がっても仕方がありません。そんな状況は誰にでもあります。**ただ、日常的に悲しくもないときにも、口角を下げるようなことは止めましょう。クセになっている方がいるのです。**

鏡を見てチェックしてみてください。そして、今日から口角を上げることを意識してください。**「えびす顔」で福と若さを呼び込みましょう！**

二重あごを放置すると「ガチョウ首」になります

コロナ禍に伴うテレワークの普及や、スマートフォンの操作などで、前屈みで顔を下に向けて作業する時間が増えたそうです。

姿勢が悪いと、腰痛や肩こりなどの原因になりますが、顔でいえば「垂れ頬」や「お椀あご」に拍車をかけます。

では、スマートフォンを手に持ち、うつ向いたご自身の顔を撮影してみてください。うつ向いたときの顔は、正面を向いたときの顔よりも、頬が垂れていませんか？

首の辺りの余分な脂肪も、目につきやすくなります。第1章の仰向けの顔、座ったときの顔、そして、うつ向いたときの顔を比べてみましょう。

「垂れ頬」プラス**「お椀あご」**に、**「二重あご」**が加わると、老け感がさらに増すことになりませんか？

一般的に、体重が増加すると二重あごになりやすいでしょう。コロナ禍の食生活の変化で「体重が増えて二重あごになった」という方がいました。体重が増えれば体内の余分な脂肪が増加して、皮膚の表面に現れやすくなります。お腹の肉のだぶつき、垂れたお尻、そして二重あご……。

でも、体重が増えていなくても、うつむいた状態を続けていると「二重あご」になります。それに関わるのも、表情筋や皮下の脂肪組織です。

ほうれい線とマリオネットラインの違い

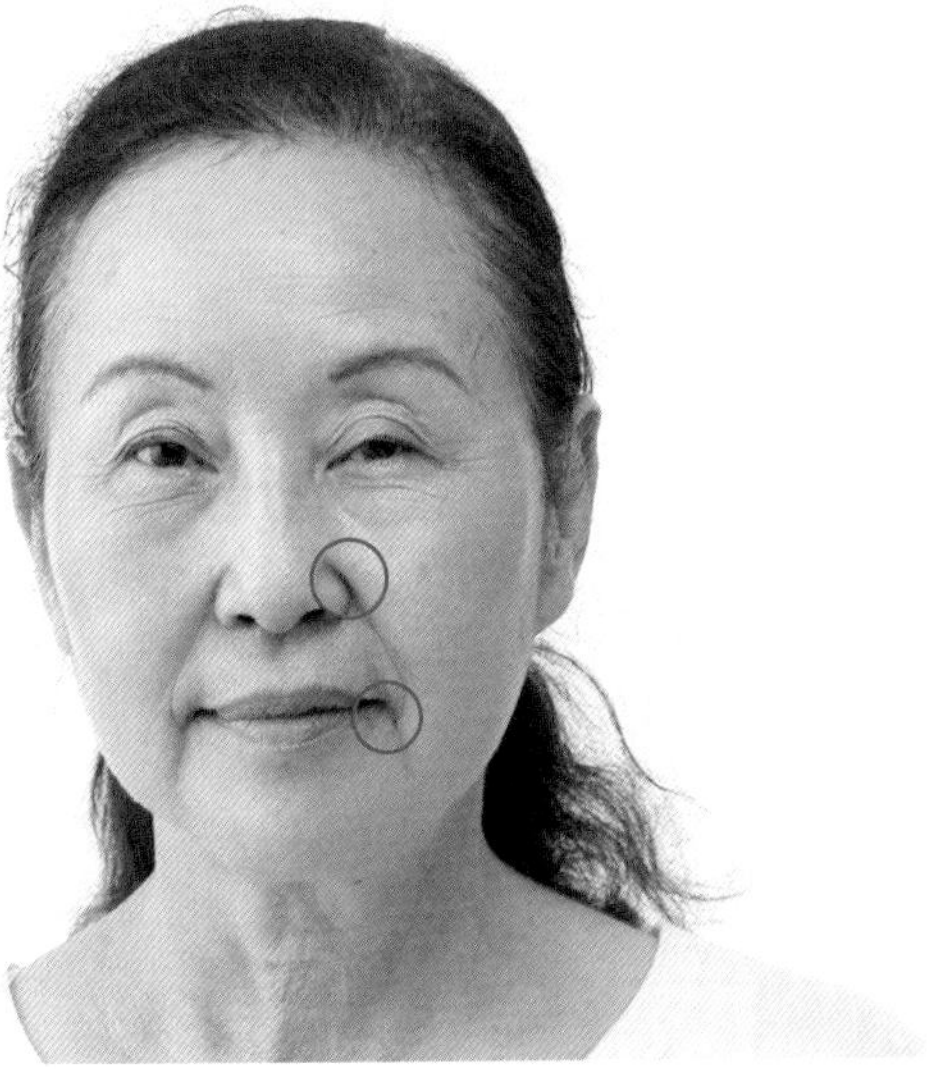

上の○：ほうれい線　　下の○：マリオネットライン

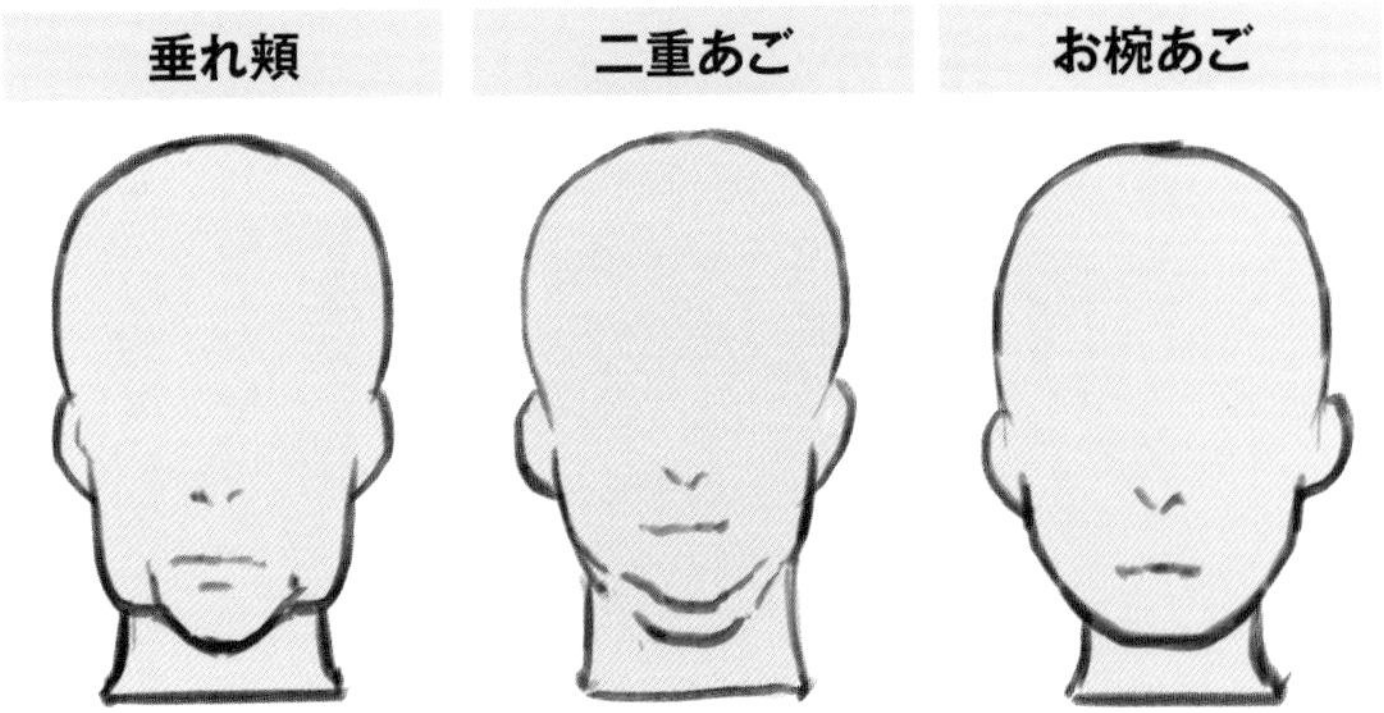

二重あごに関係する表情筋は「広頸筋《こうけいきん》」です。**広頸筋は、あごから首、鎖骨にかけて広がっています。2~4ミリ程度の薄い膜のような筋肉で、体重が増えて皮下の脂肪組織が増えると抑えきれなくなり、あごの下がたるんで二重あごになります。**首にドーナッツ状の輪がいくつも連なる小山のしわが生じるようなことも、広頸筋が関わっています。

ご自身の首に二重あごやドーナッツ状のたるみが生じていたら、指で触ってみてください。ぷよぷよとしているでしょう。それが皮下の脂肪組織です。

体重が増えていなくても、年を重ねると二重あごになる方はいます。あごの下がたるんだような状態になって垂れ下がり、無数のしわが生じることがあります。これを**「ガチョウ首」**と称します。

ガチョウのあごと首の境目がなく、たるんだような形をしているでしょう。それと似たような状態なので「ガチョウ首」というのです。

スマートフォンを見るときには、どうしてもうつむいた姿勢になりがちです。新聞や本を読むときにもうつむき加減。パソコン操作をするときも、ブラインドタッチができないとキーボードを見なければならないので、やはりうつむいた姿勢になりがちです。

先程から、顔の皮膚の下の脂肪組織が、重力に従って下に垂れ下がるお話を繰り返ししてきました。**垂れ下がるのは、脂肪組織だけではありません。ハリを失った皮膚、ペラペラに薄くなった表情筋や表在性筋膜も、ゆるみが生じると重力に従って下がるようなことが起こります。**

広頚筋は、あごから首を広く覆っている表情筋です。薄く弱くなっていると下に垂れ下がりやすいのです。それを後押しするのが、うつむいた姿勢です。

あごを引いたときに、余分な皮膚や皮下組織があると、自然に二重あごを作り出してしまいます。うつむく姿勢は、常に二重あごを自然に作っているのです。さらに、「垂れ頬」や「お椀あご」がその状態に拍車をかけるのです。

顔の上の方から重力に従って脂肪組織が下がっていくその先には、到達点ともいうべき首があります。「垂れ頬」や「お椀あご」からさらに下がって、「二重あご」や

「ガチョウ首」「ドーナッツ状の首のたるみ」へとつながっていくのです。

それを解消するのは簡単です。仰向けに寝た状態で、あごを上げてみてください。「二重あご」、「ガチョウ首」や「首のドーナッツ状のたるみ」は、消えているはずです。その状態に座ったときもなるようにするには、広頸筋をちょっと鍛えてあげればいいのです。

大げさな体操は必要ありません。ゆる〜い努力で大丈夫です。

まずは、**広頸筋を鍛えるために、前屈みの姿勢は止めましょう。**前屈みの姿勢では広頸筋を緩めた状態にするのでよくありません。筋肉は、緩めて怠けさせてしまうと、どんどん弱くなってしまうのです。背筋を伸ばして、あごと首のラインが90度になるように意識しましょう。

私はあごと首のこの角度を「美直角ライン」と称しています。あごと首の角度が90度のラインのことです。あごの下にたるみがあると90度にはなりません。「二重あご」や「ガチョウ首」の方でも、**「美直角ライン」**を目指しているうちに、それらが自然に解消できるのです。

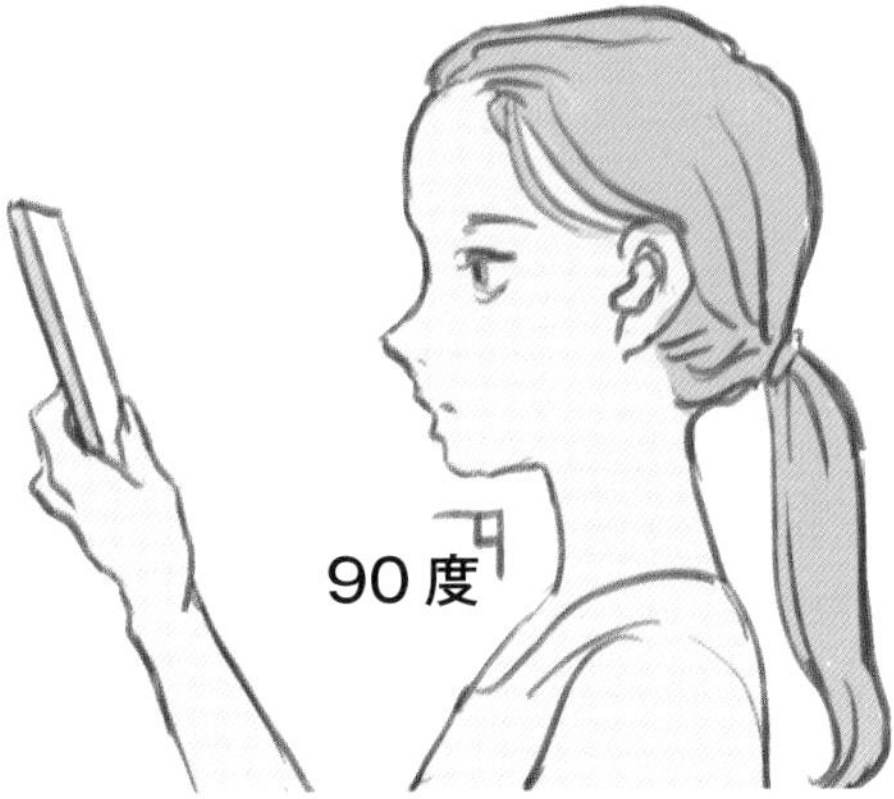

美直角ライン90度

美直角ラインを
意識してください

きれいな首のラインは鍛えれば取り戻せます。

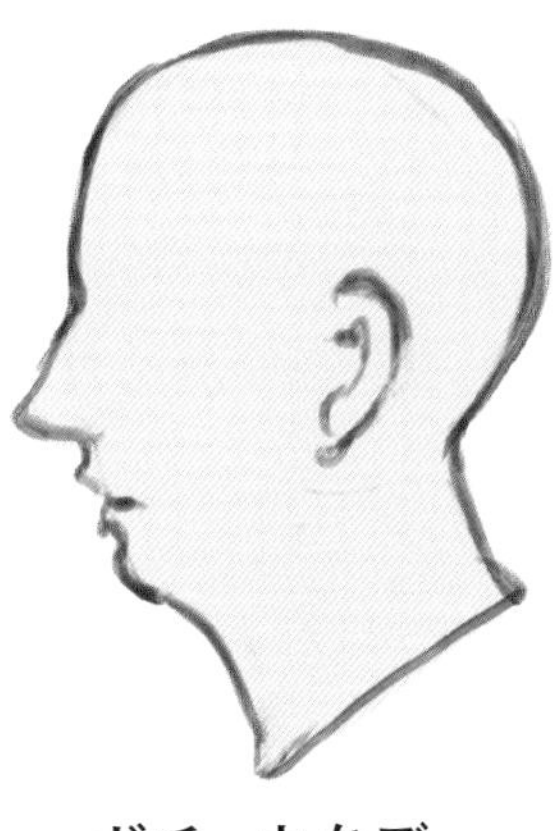

ガチョウあご

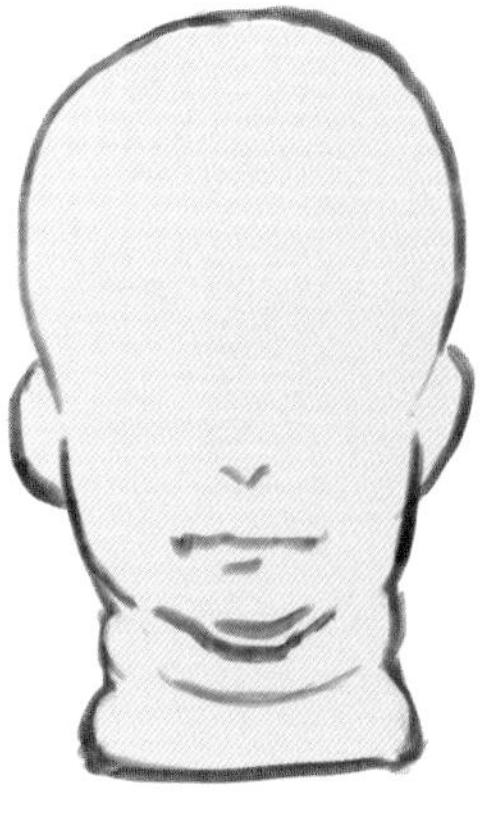

ドーナツ状のたるみ

鏡を机の上に置いてみてください。「美直角ライン」になりましたか？　スマートフォンを操作するときや、本を読むとき、パソコンを操作するときも、顔を正面に向けるようにして、あごと首の90度を意識しましょう。

最初は、美直角ラインを維持するのはたいへんかもしれませんが、慣れてしまえば習慣化されます。見た目にも若々しい「美直角ライン」を意識して維持するだけで広頚筋を鍛えることができるのです。

さらに、**広頚筋を鍛える簡単な方法としては、第3章の「ウーイー体操」**（110ページ）を参考にしてください。「ウー」といいながら首を後ろに反らすように顔を上に向けてみましょう。首を痛めている方は、無理のない範囲で取り組みましょう。次に、口を横に大きく広げて「イー」というときに、首に「ハ」の字の筋がでるようにすると、広頚筋を上手に鍛えることができます。下あごを突き出すようにすると、「ハ」の字が出しやすくなります。

姿勢を意識して、週2回程度のゆる〜い努力の体操で、「二重あご」や「ガチョウ首」「首のドーナッツ状のたるみ」を解消しましょう！

第3章

カオキン体操で老け顔撃退！

誰でも若々しい顔立ちを手に入れる

老け顔の原因は、年のせいではありません。太っている、あるいは、痩せているといった体型も二の次です。

年齢問わず、体型問わず、誰もが老け顔になります。

若い方も、寝不足の翌朝には、目の下のクマや小じわで老け顔っぽくなるでしょう。

簡単に老け顔になるのならば、逆に、簡単に若々しい顔を取り戻すこともできます。

表情筋と表在性筋膜、皮下の脂肪組織の状態を改善すれば、誰でも若々しい顔立ちになれるのです。

若さを取り戻して、維持すれば、いくつになっても老け顔とは無縁でしょう。

そうなれば、顔だけで年齢を判断をするのは難しくなるかもしれません。

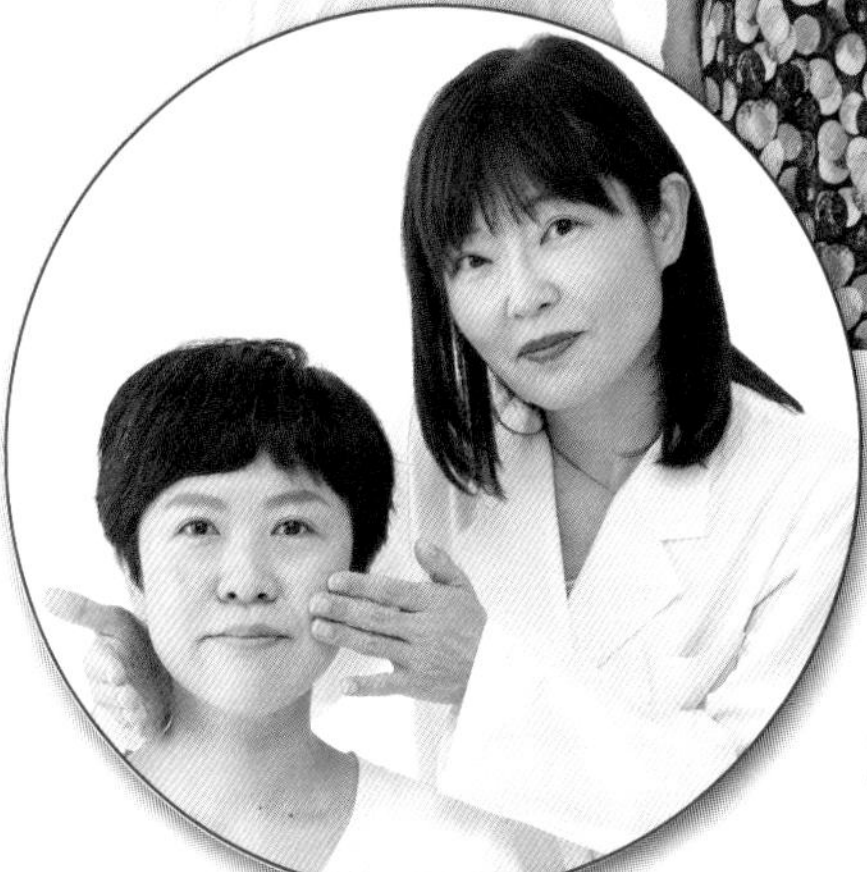

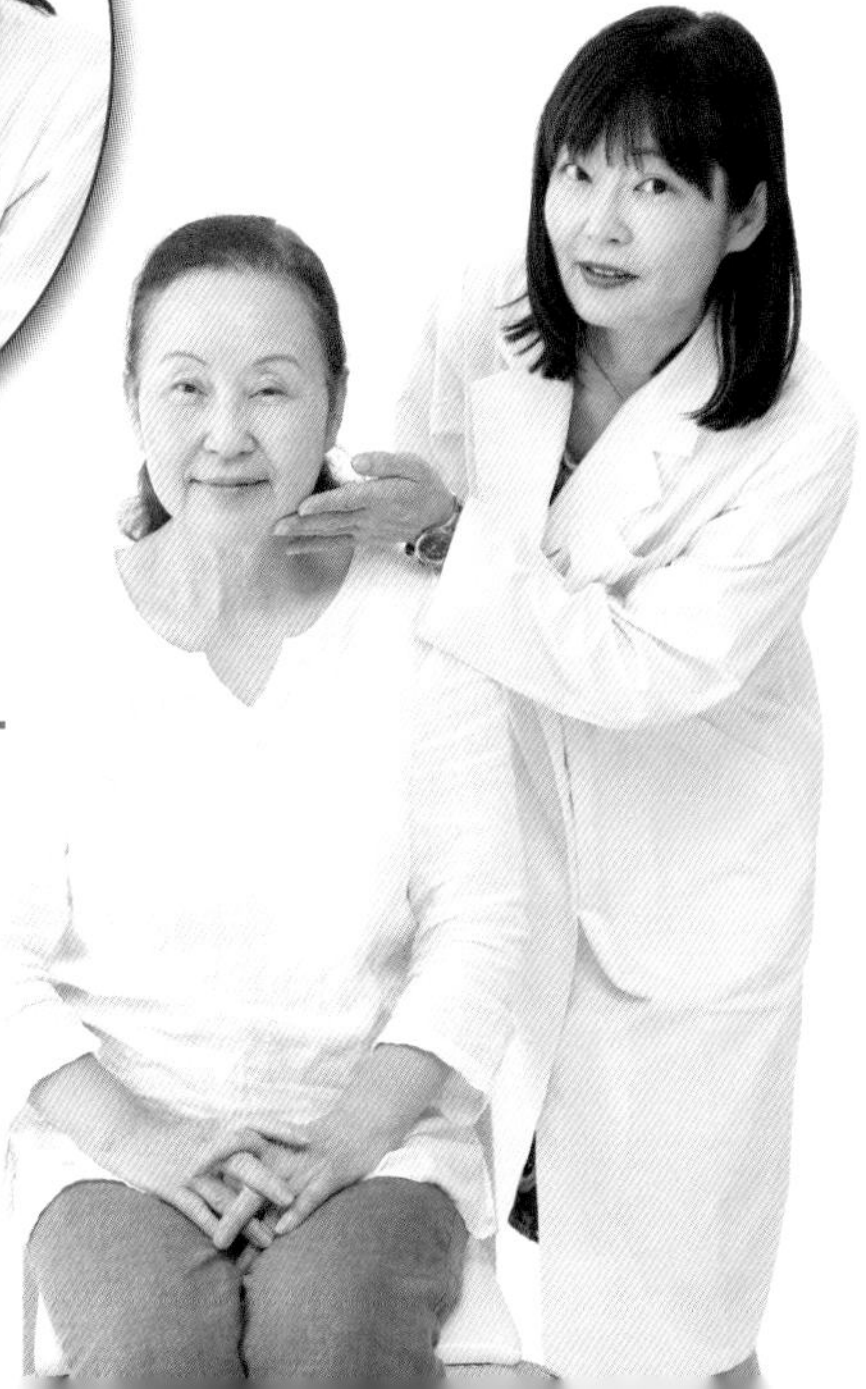

先生から
老け顔撃退レクチャー
を受ける 40 代と
70 代の女性。

「いくつに見えますか?」という質問が、愚問になるかもしれないですね。

さて、目の下のたるみには「眼輪筋《がんりんきん》」、頬のたるみやほうれい線は「大頬骨筋、二重あごには「広頚筋」が関係していることを第2章でご紹介しました。そんな老け顔を一気に解消する体操を私は「カオキン体操」と称しています。顔の表情筋や表在性筋膜。

すなわち、顔の筋肉を鍛えるので「カオキン体操」です。実例として、40代のHさんと、70代のKさんにご協力いただきました。お二人の努力の成果は、第4章でお話します。

大頬骨筋を鍛えるカオキン体操!

【ニパニパ体操】

頬骨付近から口元につながる大頬骨筋が衰えると、頬がたるみ、ほうれい線が出現しやすくなります。

それをお手軽に解消できるのが「ニパニパ体操」です。

①　口を閉じて口角を少し上げることを意識しましょう。

②　口角を思いっ切り上げることを意識して、「ニッ」と笑います。笑ったときに頬骨の下を人差し指で触ってみてください。筋肉が硬くなっているがわかりますか？　それが大頬骨筋です。

③　「ニッ」と笑った状態で5秒キープします。

④　「パッ」と力を抜いて口を閉じます。このとき、①の口角を少し上げた状態に戻ることを意識しましょう。

⑤　①～④を10回程度繰り返しましょう。

筋肉は、ちぢめる（収縮）、ゆるめる（弛緩）の繰り返しで、鍛えることができます。頬骨付近の大頬骨筋を意識して「ニパニパ体操」を行うと、連動して小頬骨筋なども鍛えることができます。

大頬骨筋を鍛える「ニパニパ体操」

①口を閉じ少し口角上げる。

②口角上げ「ニッ」と笑う。

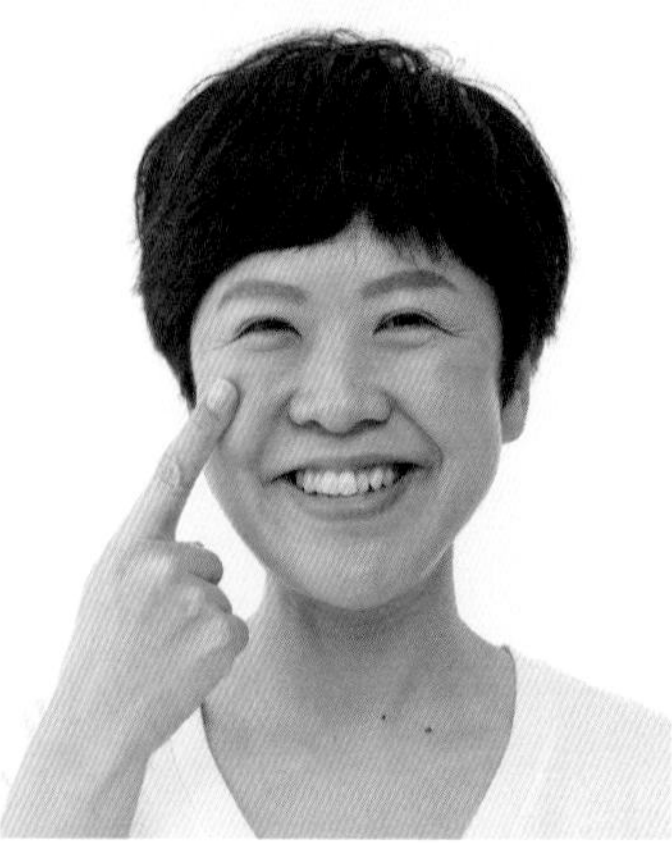

③筋肉硬くなっているのを確認、5秒キープ。

④パッと力を抜き口を閉じる。

眼輪筋を鍛えるカオキン体操！

【ギュッパー体操】

目の周りの眼輪筋が衰えると、目尻が下がり、目の下に袋状のたるみが生じます。眼輪筋の機能が落ちれば落ちるほど、目の下の袋状のたるみは下へと広がっていくのです。

でも、心配はありません。
それを解消するのが109ページの「ギュッパー体操」です。

①　口を閉じた状態で、口元に少し力を入れて、口角を上げて笑みを浮かべることを意識しましょう。
②　力を入れて目をギュッと閉じ、5秒キープします。
③　力を抜いて、パッと目を開きます。

④　①の微笑みをキープした状態で、②③を10回繰り返します。

目をパッと開くときに、まぶたで開くようにしましょう。

そうすると、まぶたを持ち上げる眼瞼挙筋も一緒に鍛えられます。

ひたいの前頭筋でまぶたを開くことがクセになっている方がいます。

前頭筋でまぶたを開くと、ひたいの横じわの原因になるため、眉間に人差し指、中指、薬指の3本の指を当てて、ひたいが動かないのを確かめながら、目をパッと開くようにしましょう。

どうです？　できますでしょう。

そんなに難しいことではありません。

慣れると、簡単に出来るようになりますよ。

さあ、トライしてみましょう。

眼輪筋を鍛える「ギュッパー体操」

①口を閉じ少し口角上げる。

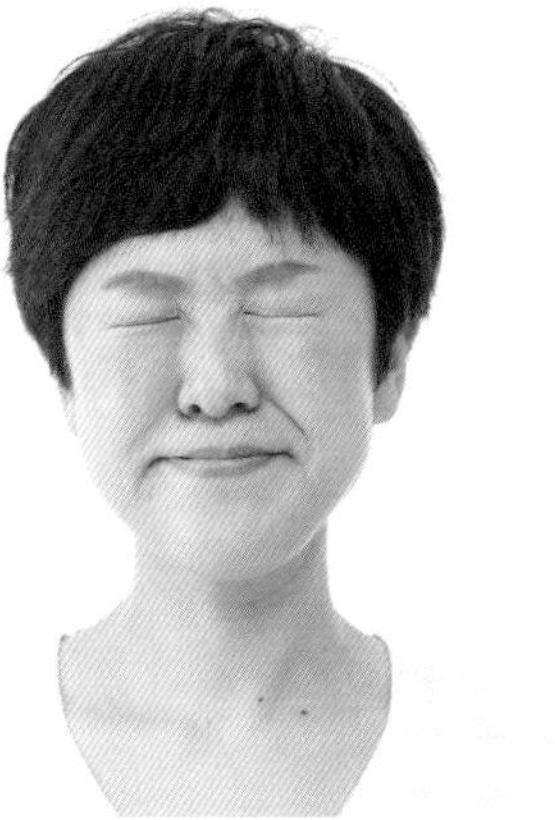

②力を入れて目をギュッと閉じ5秒キープ。

③力を抜いてパッと目を開く。

広頚筋を鍛える力オキン体操！

首の表情筋「広頚筋《こうけいきん》」が衰えてくると、二重あごや首の横じわ、ドーナッツ状のたるみにつながります。

理想的なのは、あごと首が90度になる「美直角ライン」です。

最近は、スマートフォンの操作やパソコン操作で、うつむくような姿勢を長時間続ける方が増えています。

【ウーイー体操】

広頚筋の衰えに加えて、皮下の脂肪組織が重力によって下がるため、あごから首にかけてたるみやしわが生じやすくなっているのです。

首のしわやたるみを解消し、あごの「美直角ライン」に役立つのが「ウーイー体操」です。

方法は、次のとおりです。

①　背筋を真っすぐに伸ばして顔は正面に向けます。

②　頭を持ち上げて、無理のない範囲で後方へ。このとき口をとがらせて「ウー」といいましょう。あごをできるだけ突き出すようにするのがコツです。

③　顔を天井に向けた状態で、あごを突き出して「ウー」というのを5秒間続けます。

④　顔を正面に戻し、口も閉じます。このとき口角は少し上げることを意識しましょう。

⑤　口を横に広げながら「イー」といって5秒間キープします。口角を上げながら「イー」といいましょう。下あごをやや前方に突き出すようにすると、「美直角ライン」の形成により役立つと思います。

⑥　①～⑤を10回行いましょう。

広頸筋を鍛える「ウーイー体操」

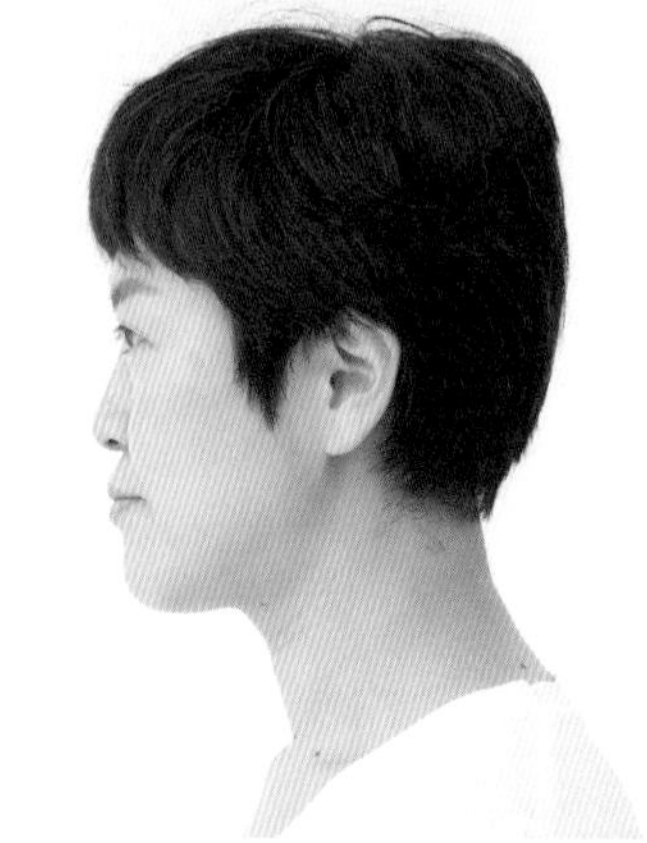

①背筋まっすぐ顔正面。

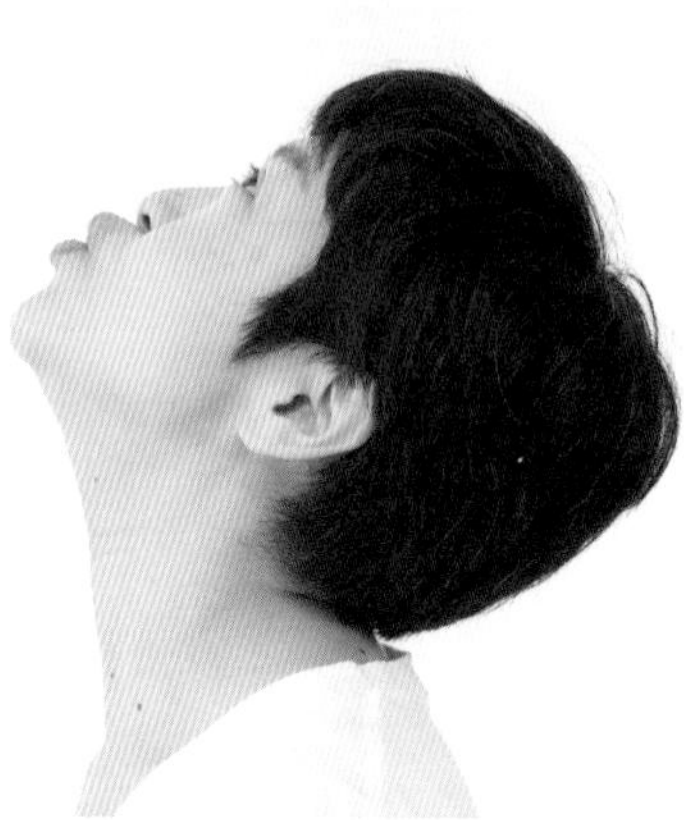

②顔を天井に向け少し口をとがらせて「ウー」と言う。5秒キープ。

③顔を正面に戻し口を閉じる。口角少し上げる意識。

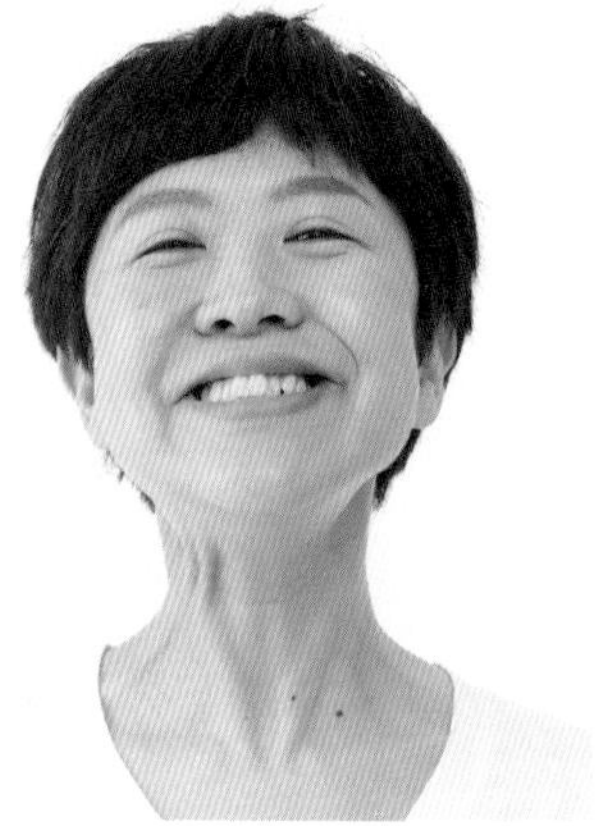

④口を横に広げ「イー」と言う。5秒キープ。

たるみがちな脂肪組織を引き締める

【リガメントほぐし】

脂肪組織がたるみやすくなっていると、重力に従って下降します。そんな脂肪組織を支えているのが表情筋や表在性筋膜です。リガメント（靭帯）は表在性筋膜を支えるように付着しています。

そのためリガメントが硬くなって萎縮していると、脂肪組織を上手く支えることができなくなります。それを解消するのが、「リガメントほぐし」です。方法は次のとおりです。

①　両手をグーの状態にして、指の第2関節付近を頬骨の下にあてます。

②　①の状態のまま両手を小さく回します。強い力を入れる必要はありません。痛きもちいい程度の力で大丈夫です。頬骨の下付近の皮膚が動いていることを実感す

る程度の力で、10回程度回します。

③ 次に両手を目のこめかみ付近に移動して、②と同じように両手を小さく回します。力を入れすぎずに、やさしくクルクル回しましょう。

④ 両手を開き、目を閉じて、指先で目の下を軽く押すようにします。こすらずに押すのがコツです。

全部の体操を毎日行う必要はありませんよ。

無理のない範囲で、できる範囲で、1回2～3分、週2回程度のゆる～い努力でよいのです。

「老け顔を撃退しなければ！」なんて思うと、ストレスになって逆にお肌によくありません。ストレスでキリキリとした気分になったら、口角も下がって眉間にしわもよってしまいます。

「えびす顔」の笑顔を保ち、ゆ～るい努力で若さを取り戻してみませんか？

脂肪組織を引き締める「リガメントほぐし」

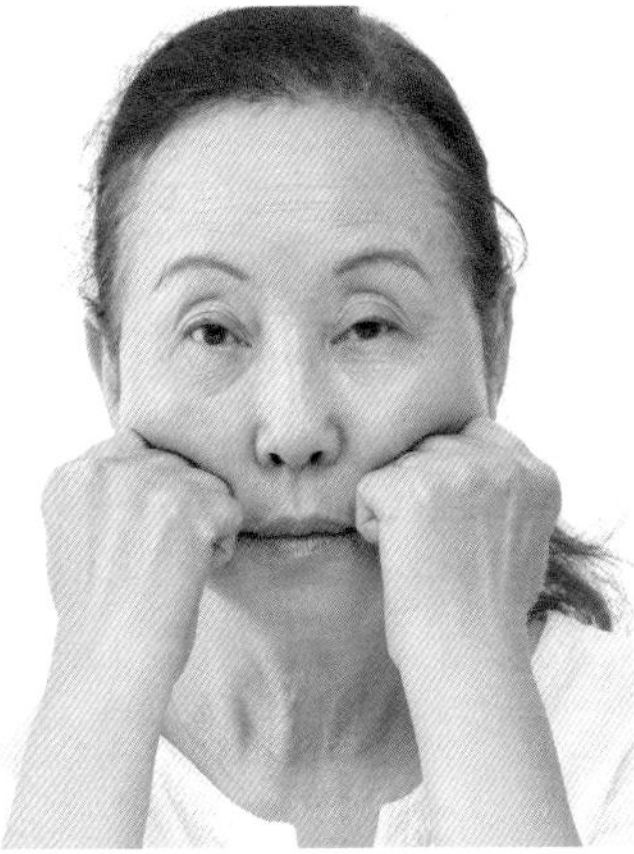

①両手をグーにし頬骨の下にあて小さく10回ほど回す。

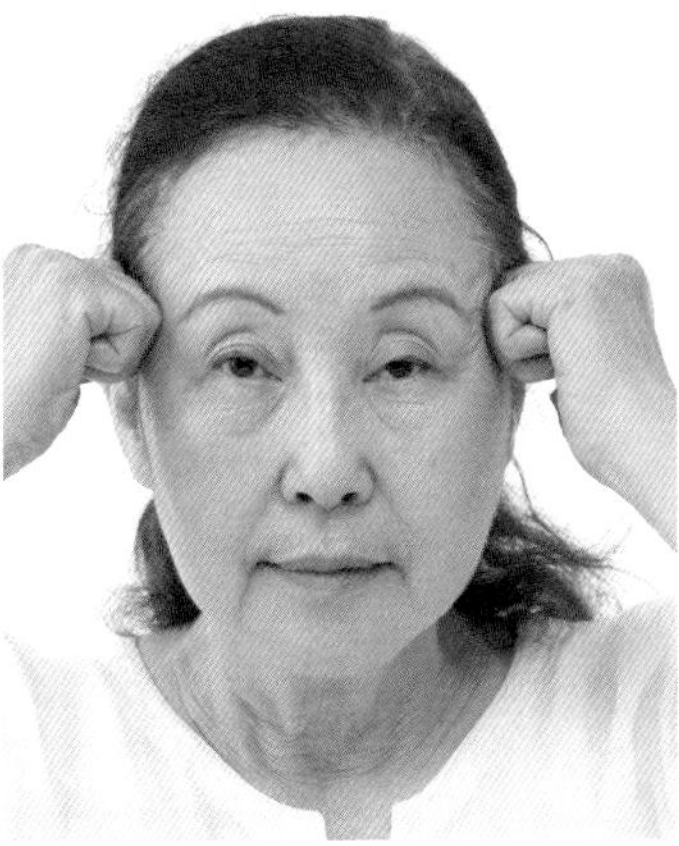

②両手をグーにしたままこめかみにあて小さく10回ほど回す。

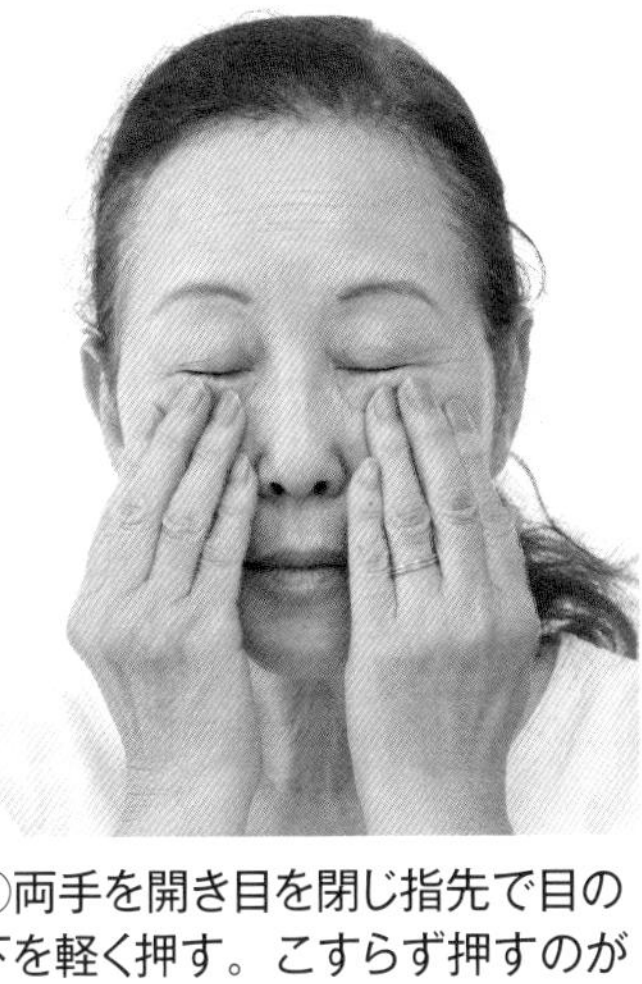

③両手を開き目を閉じ指先で目の下を軽く押す。こすらず押すのがコツ。

第4章

私はこうして若々しい顔を取り戻しました!

体験談

40代のHさんの場合

20代や30代の頃は、顔の若さについては気にしていませんでした。もちろん、老け顔の意識もありません。特に顔の肌トラブルを抱えていたわけではなかったので、鏡を見ても〝若さ〟や〝老化〟を気にすることなく、過ごしていたともいえます。

若い頃には仕事が深夜に至ることもあって、仕事で疲れた翌朝には肌が乾燥し、目の下にクマができるようなことも珍しくはありませんでした。でも、一晩ぐっすり眠り疲れが取れれば、肌の状態は戻ったので気にならなかったのです。特に目立つようなしわやしみがあったわけでもなく、化粧をしてもいつも変わらない。だから、余計に顔の老化については、考えが及ばなかったともいえます。

鏡を見て「えっ!」と思うようになったのは、40歳を過ぎてからです。

ある冬の日のことでした。

いつものようにファンデーションを塗っていたときに、スポンジの滑りに引っ掛かりを感じたのです。よく鏡を見ると、小鼻の横にしわが生じていました。ほうれ

Hさん

Kさん

こんな簡単な体操で
効果が出るのか
最初は半信半疑でした。

い線です。それまで気づかなかったのが不思議なほど、深く刻まれていました。「いつの間にできたの？」と考えてもわかりません。すごくショックでした。

30代の後半は「まだ若いから大丈夫」と思い、その顔の状態を40代もキープできると、根拠もないまま信じていました。自分の中では身体的な大きな変化を感じる出来事もなく、30代の延長線上が40代と思っていたのです。その考えが、ほうれい線に気づいたことで崩れました。

とはいえ、日々の生活は仕事や家事で忙しく、ほうれい線のことばかりを気にしてはいられません。わざわざ時間を作って美容サロンに行くのも気が引けるし、美容液を買うにも自分に合ったものを探すのもたいへんで……。

休日に、女性誌やスマホのネット情報を見ると、フェイスマッサージといった方法がたくさん出てきました。試しに自分の指でほうれい線を引っ張ると伸びるので、挑戦しようかと考えました。でも、以前、自己流のフェイスマッサージやエクササイズは、しわやたるみの原因になると聞いたことを思い出したのです。ほうれい線が改善しても、別の部分にしわやたるみが生じたら「イヤだな～」と思って、何もしないで過ごしていました。

最近は、ほうれい線で凹んだ部分にファンデーションがたまるようになって、さらに年を感じるようになりました。鏡を見るとちょっと気分が落ち込みます。コロナ禍の外出自粛がそれに拍車をかけたのです。

コロナ予防のマスク着用は、ほうれい線を隠してくれます。基礎化粧品の使用だけで、ファンデーションを塗らなくてもよいことが増え、ほうれい線にファンデーションがたまることで悩むことも減りました。マスクをしていれば、気になるしわを他人に見られる心配はありません。マスクは、感染予防に加えて、顔の老化も隠してくれます。

ところが、コロナ禍のリモートワークで外出する機会がめっきり減り、体重が数kg増えたころから、あごのラインがもたつくようになってきたのです。二重あごまでには至っていませんが、鏡を見るとシャープさに欠け、なんだかあごが丸みを帯びていることに気が付きました。

ほうれい線にあごのラインのもたつきが加わると、30代の頃の写真と比べて、老化を痛感せざるをえません。気づいたときには「もう老けていた」という感じです。この状態で、コロナ自粛が終わってマスク着用が不要になったら……。友人や知人に再会したときに、どう思われるだろうと考えると、ますます気分が落ち込みます。

若々しい顔を取り戻したい。人前でマスクも戸惑うことなく外したい。

そんなことを考えていたときに、奥田先生の「カオキン体操」を体験する機会に恵まれたのです。奥田先生から「ニパニパ体操」「ギュッパー体操」「ウーイー体操」「リガメントほぐし」のご指導を直接受けることができました。こんな機会は滅多にないので、すごくラッキーだったと思います。

日頃から顔の体操どころか、運動習慣もありません。顔の筋肉に負荷をかけるようなことをしていないので、**「カオキン体操」を一通り終えたときには、顔中の筋肉がやわらかくほぐれた感じがしました。**

筋肉がほぐれたことで、コロナ自粛に伴い友人などと会話をする機会や笑うことも減り、顔を動かしていなかったことに改めて気づきました。「カオキン体操」に取り組まなかったら、ずっと顔の筋肉を動かすことはなかったと思います。

中でも**お気に入りは、「ウーイー体操」**です。真上を向くので、首のストレッチにもなって気持ちがいいです。長時間のパソコン作業やスマホの操作などでうつむき加減の姿勢が多いので、首のストレッチのために仕事中にもこっそり「ウーイー体操」を行っていました。

どの体操も簡単です。思いたったらすぐできる手軽さも、「楽だなぁ～」と思いました。**楽なのに効果がすぐに感じられた点も、すごい**です。奥田先生にご指導いただいた翌日は、頬あたりが筋肉痛になり、「カオキン体操」が効いていることを実感できました。

気持ちよくて気楽にできる体操なので、朝の洗顔後、乳液を顔に塗って浸透するまで「ウーイー体操」を2～3分、夜、湯船に浸かっている最中も必ず「ウーイー体操」を2～3分、合計1日5分週5回程度取り組むことを日課にしました。

奥田先生が「無理することはありませんよ～」とおっしゃっていたので、気分がよいときに取り組む感じで、「ニパニパ体操」「ギュッパー体操」「リガメントほぐし」は、テレビを見ていてCMになったときなど、**〝スキマ時間〟に気づいたら実践し**

ていました。きっちり取り組んだわけでも、無理してがんばったわけでもありません。でも、**約1か月後、再び奥田先生にお目にかかり、私の顔が変わった点をご指摘いただいたときには、正直いって驚きました。自分では気づかなかったからです。**

毎日のように「カオキン体操」を続けていたので、鏡を見たときに自分でも、あごのラインのもたつきが、心なしかスッキリしたように感じていました。「ウーイー体操」はとにかく気持ちがいいのです。全く苦にならない体操なので、習慣化したことで、自然にあごの下の筋肉が鍛えられて締ってきたのかなと思っていました。加えて、鏡で自分の顔をよく見ると、頬が少し上がったような気もしました。でも、あくまでも自分で感じただけで、根拠はありません。

自分の顔を毎日鏡で見ても、どう変わったのかあまりよくわからず、家族に聞いても、「う〜ん?」といって首を傾げられました。

本当に「カオキン体操」は効果があるのかしらと、少し心配になっていたところでした。そんな気分は1か月後、奥田先生の顔面画像診断を受けて一変したのです。

奥田先生にご指摘されたのですが、頬の位置が「カオキン体操」前よりも上がっ

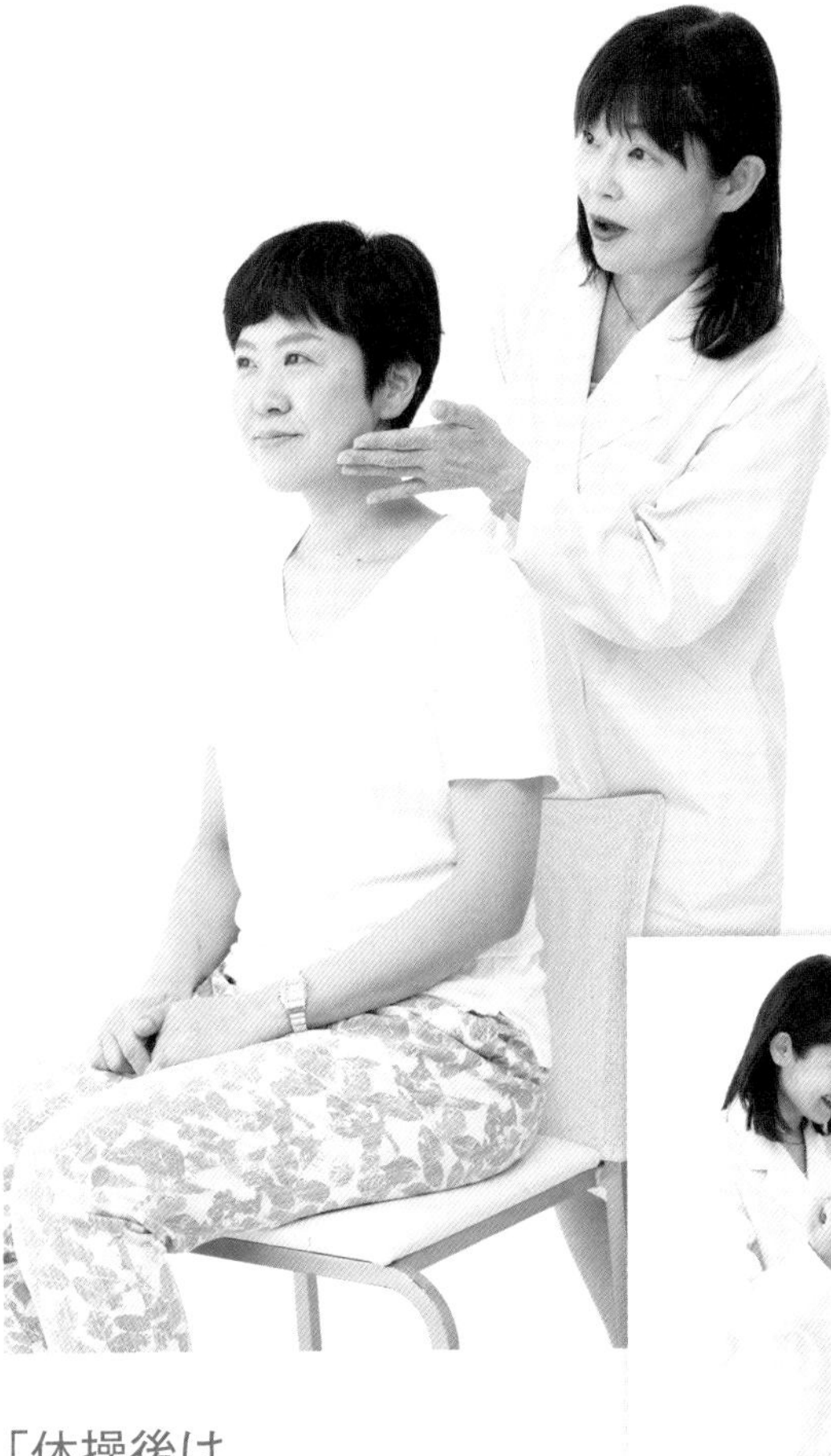

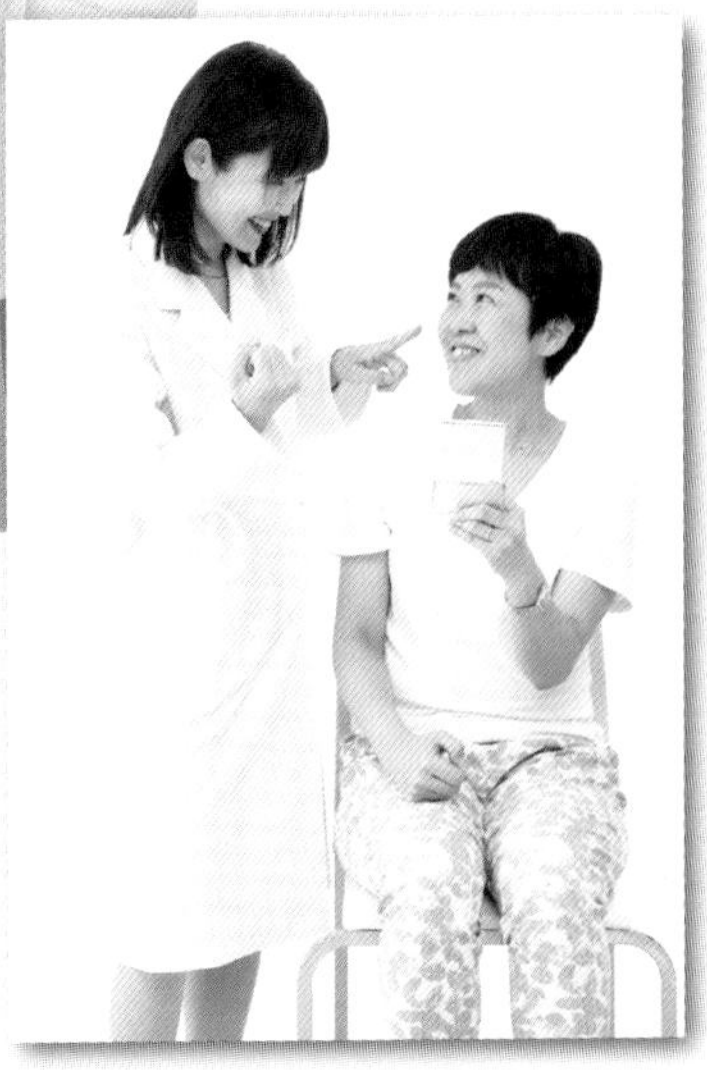

「体操後は
首のほくろの位置
が上がってい
てびっくりしました」
40 代 H さん。

て、ほうれい線が浅くなっていました。画像を拝見して自分の目で確かめて、驚くし、嬉しいし、もうたいへんです。目の下にハリも出て、1か月前と同じポーズで写真撮影をすると、ライトが以前よりも反射して明るく映っているといわれました。これだけでも、「カオキン体操」に大満足ですが、さらに嬉しいご指摘が奥田先生からありました。

「あごのラインが変わっています」

奥田先生によれば、あごのラインがシャープになり、「お椀あご」から「V字ラインのあご」に近づいているとのことでした。自分ではよくわからなかったのですが、

「首のほくろの位置が上に移動しています。あごのラインが改善し脂肪組織のたるみがなくなったことで、あごの皮膚が持ち上がり、首のほくろの位置も、自然に上に移動したのです」

と、奥田先生からいわれて納得できました。予想以上にあごのラインがスッキリしたことが改めてわかって、すごく嬉しかったです。

「カオキン体操」に取り組む前の写真は、全体的にむくんだ顔の印象でしたが、「カオキン体操」後は、すっきりして元気な印象になりました。写真を見比べながら、奥田先生のお話をお伺いすると、こんなに変わるのかと、改めて「カオキン体操」の効果のすごさに驚きました。

毎日、たった数分。しかも、入浴中やテレビのCMのときなどちょっとした隙間時間に取り組めて、1か月でこんなに変化があるとは、飛び上がるほど嬉しいです。俄然、やる気も出てきました。これからも「カオキン体操」を続けて、元気で明るく若々しい顔を維持していきたいと思っています。

奥田の評価

Hさんの「カオキン体操」前のお顔は、若々しい感じですが、よく見るとほうれい線が現れていて、「垂れ頬」「お椀あご」が進行しつつある状態でした。CT検査の3次元画像**（14）**を見ても、顔全体が下降傾向になっています。

加齢でも「垂れ頬」の原因となる大頬骨筋や小頬骨筋といった表情筋の衰えや、それを支える表在性筋膜が衰えます。でも、Hさんのように、お仕事のパソコン作業やスマホ操作などで長時間うつむくような姿勢を続けていると、重力に従って脂肪組織が垂れ下がり続けるため、さらに表情筋や表在性筋膜が薄く弱くなる後押しをしてしまうのです。

その結果、大頬骨筋や小頬骨筋で脂肪組織を抑えきれなくなってたるみ、正面に向いた状態でも頬が下がります。

頬が下がるのは脂肪組織が下降しているためなので、口元の表情筋の口輪筋との境目にしわが生じ、ほうれい線も深く刻まれるようになるのです。さらに、あごの方へ脂肪組織が下降したことで「お椀あご」になっていました。口角の下にはマリオネットラインまで見えます。**次に、「カオキン体操」を約1か月間、ゆる〜い努力で取り組んでいただいた結果を見てみましょう。**

3次元CT画像（**15**）は、3次元画像（**14**）の約1か月後に同じ姿勢で撮影した状態です。

40代Ｈさん

体操前　　体操後

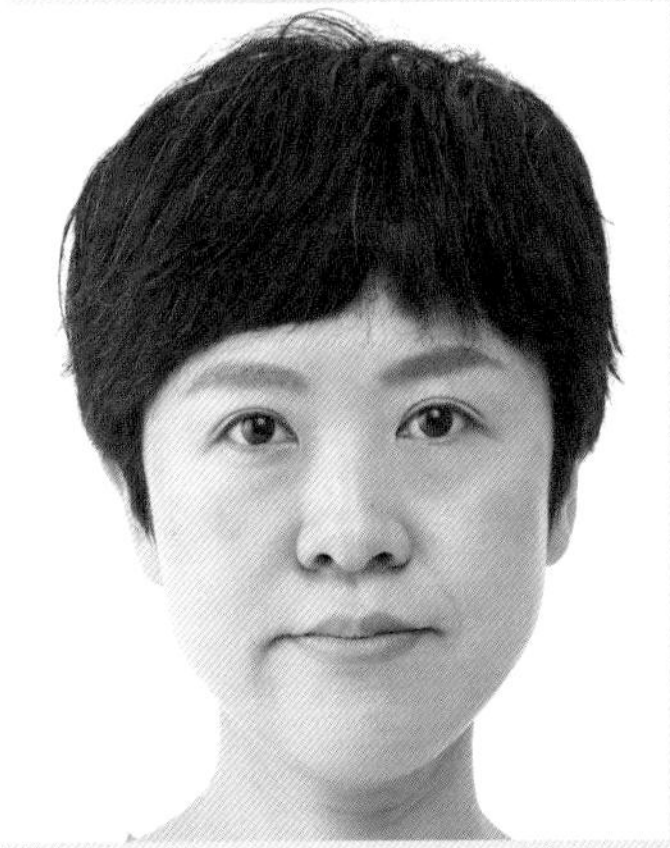

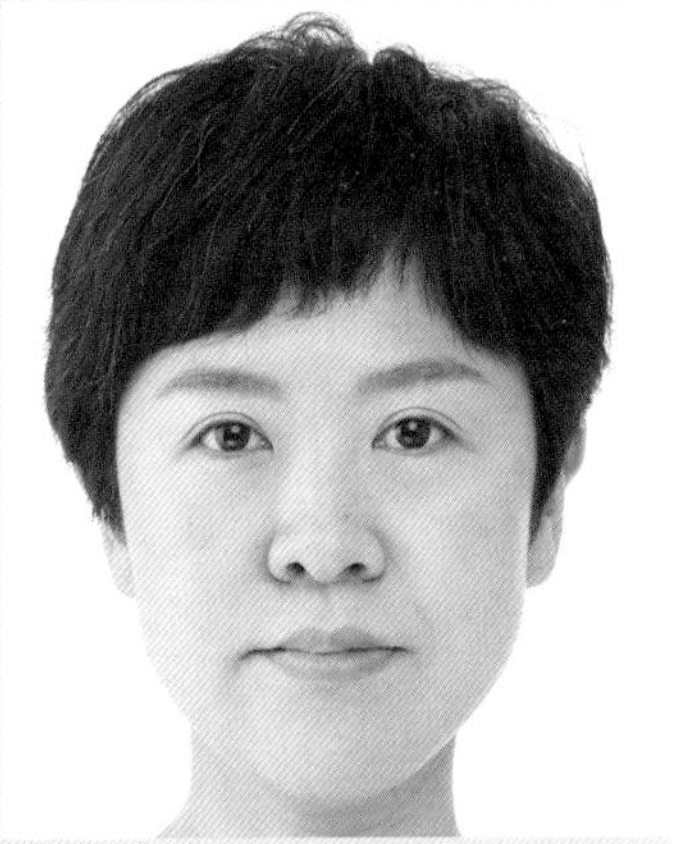

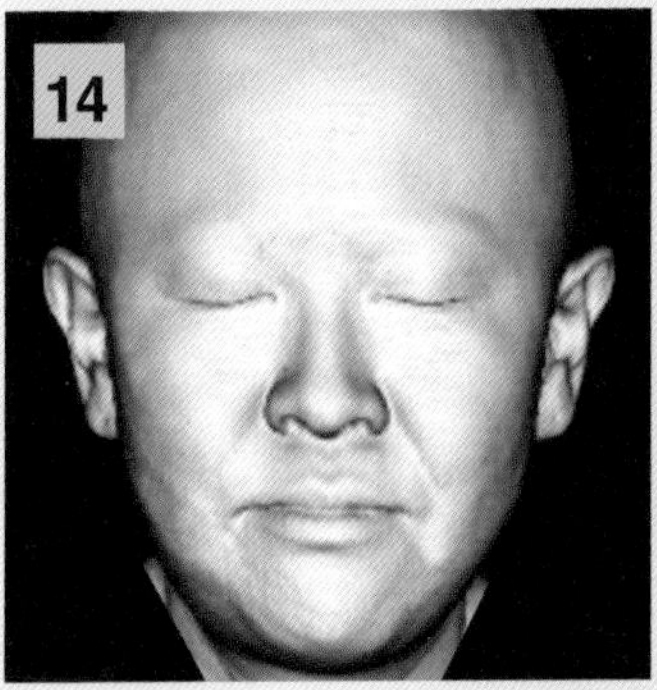

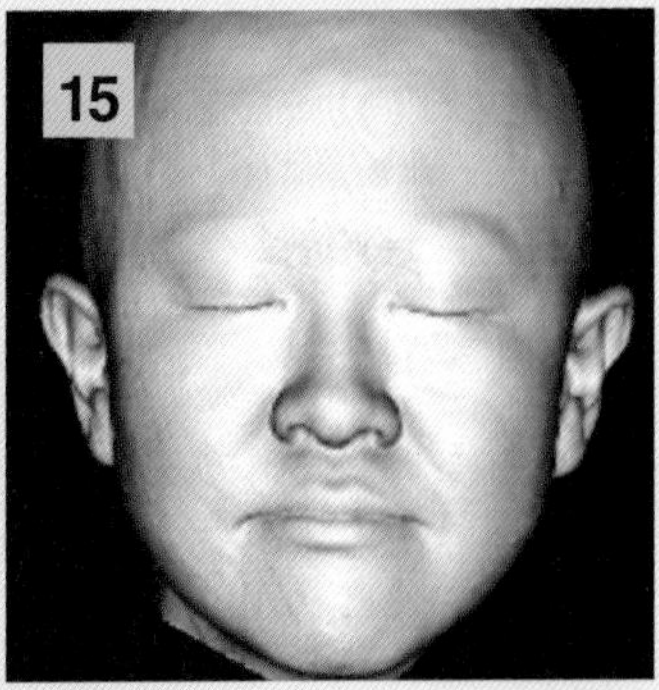

3次元CT画像

⒂は、**第1章**でお話した仰向けの写真に似ていませんか？　頬の高い部分が上に上がり、ほうれい線も薄くなっています。マリオネットラインは影も形もなくなり、あごのラインもシャープになりました。

もっとわかりやすく説明するため、⒁と⒂のほうれい線を直線で描き、頬の最も高い位置に丸印をつけましたので、ご覧いただければと思います。「カオキン体操」前が⒃で、「カオキン体操」後が⒄です。

⒃に対して⒄は丸印の頬の位置が上になっていることがご理解いただけると思います。⒄は頬の位置が上に移動したため、ほうれい線の三角の線もハの字形に広がりました。

「ニパニパ体操」は、大頬骨筋を鍛えて脂肪組織を上に押し上げ、頬の位置を上に引き上げることで、ほうれい線も薄くする作用があります。Hさんは、テレビのCMを見るときなど、こまめに取り組んだ結果が⒄の画像に現れているといえます。

また「ウーイー体操」の成果は、3次元画像を別の角度から見るとよくわかります。「カオキン体操」前の⒅と「カオキン体操」後の⒆の画像を見比べてみまし

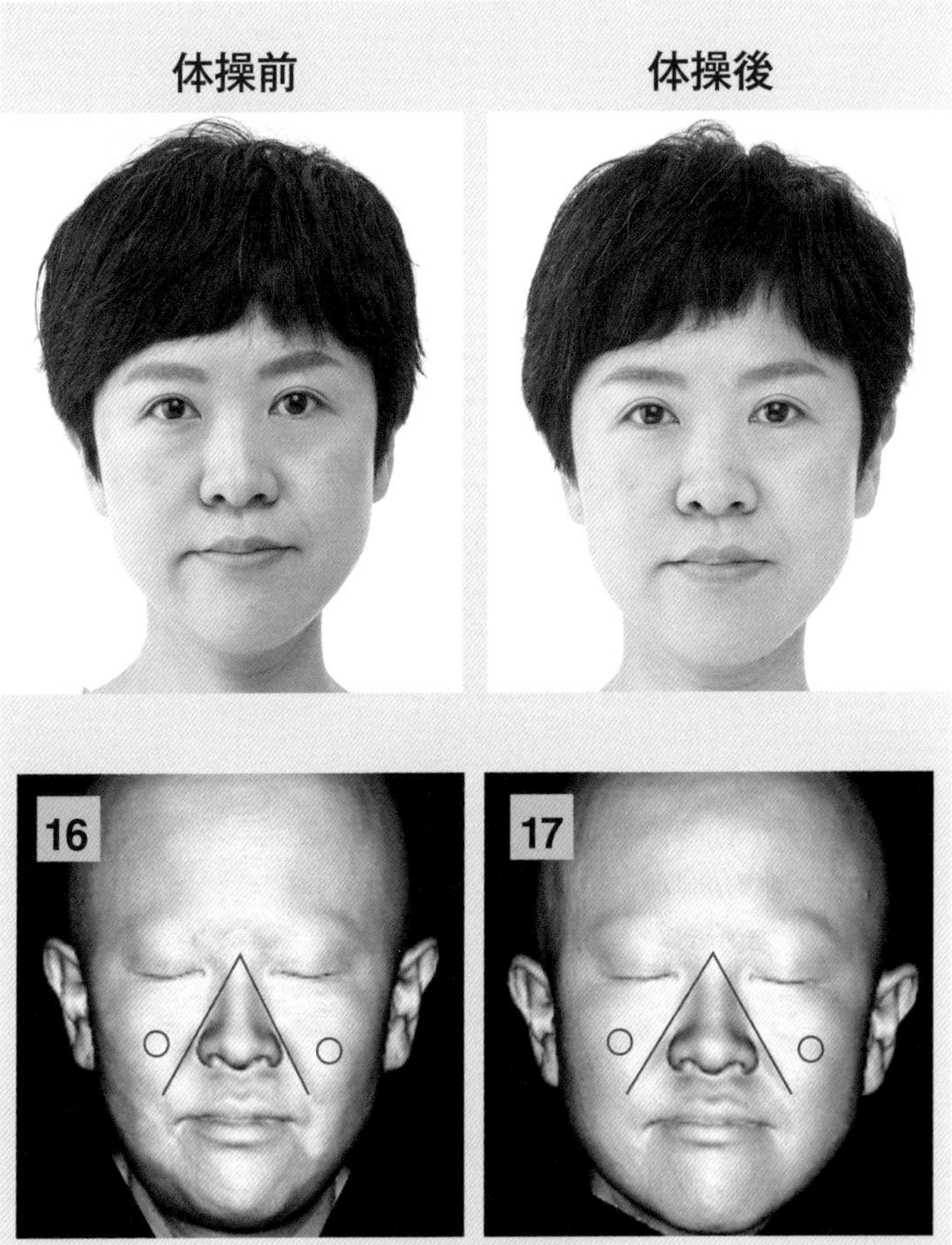

3次元CT画像

■ニパニパ体操によって頬がリフトアップ。ほうれい線が浅くなり、頬のリフトアップに伴いハの字型に開いている。

ょう。

うつむく姿勢の多いHさんは、「ウーイー体操」を気に入ってくださったようで、入浴中や基礎化粧品を使うときにも取り組んでいたそうです。

その結果、首の表情筋の広頚筋が鍛えられ、あごのラインがシャープで明瞭になったことが⑲でわかります。二重あごになりそうだったあごの下のたるみも消えました。
⑱にはほうれい線の下にマリオネットラインが見えます。⑲では、ほうれい線が浅くなってマリオネットラインが消えているのがわかります。これは「ニパニパ体操」の成果でもあります。
次に、ほうれい線の状態を調べるために、CT検査の鼻と上唇の間を輪切りにした画像も見てみましょう。「カオキン体操」前が⑳で、「カオキン体操」後が㉑です。

ほうれい線がはっきり見えていた「カオキン体操」前の⑳は、凹んだ部分が深く、線で示すと角度が鋭角になっていました。

体操前　　**体操後**

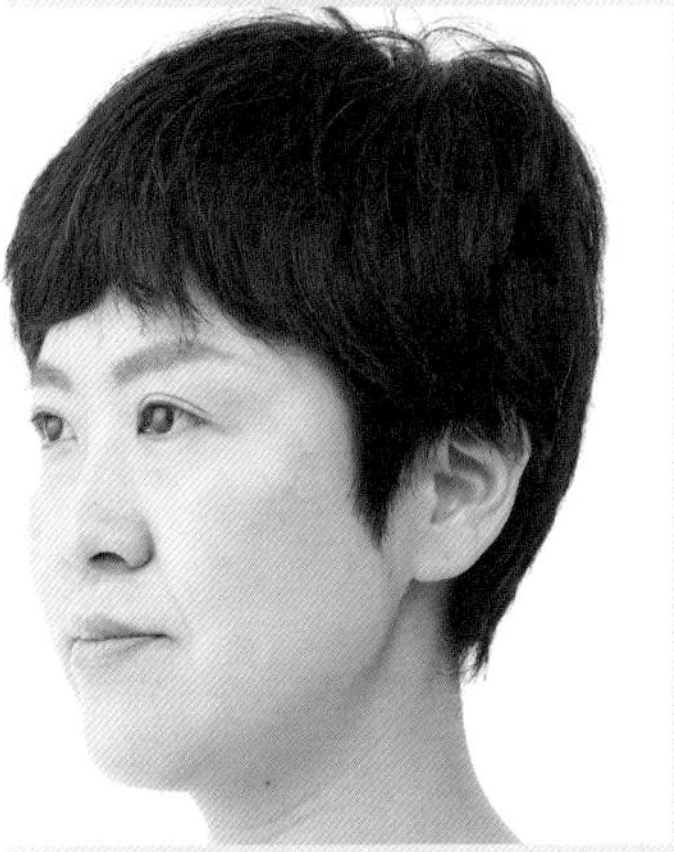

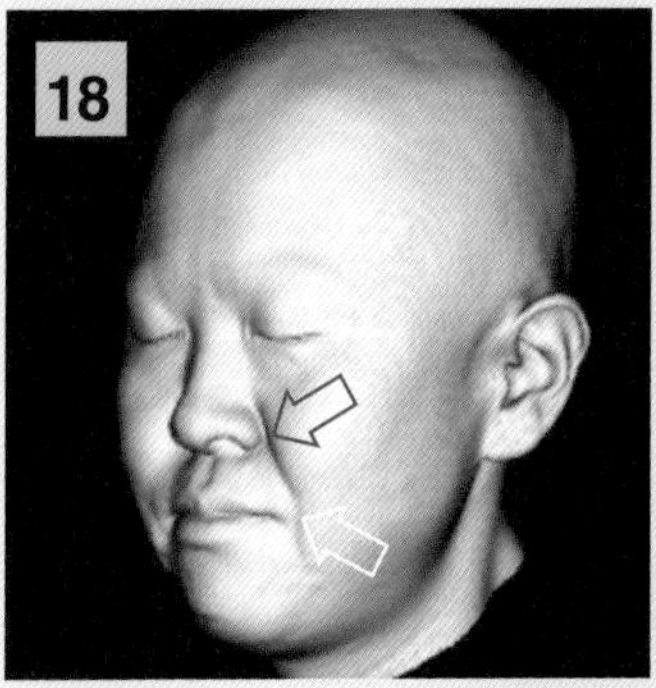

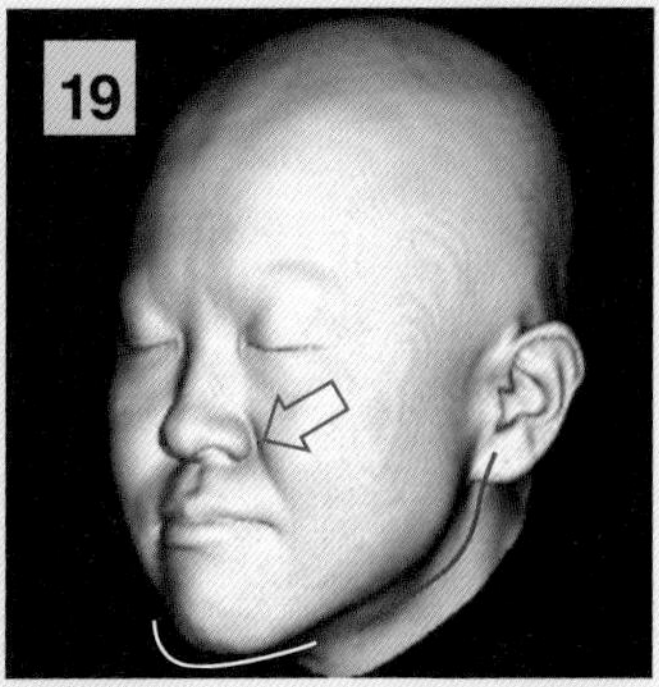

3次元CT画像

斜めに見ると、フェイスラインの変化が分かりやすい。
赤矢印：深かったほうれい線が浅く短くなった。
黄色矢印：マリオネットラインが消失。
赤線：フェイスラインがくっきりとし、たるみが消失。
黄色線：顎がシャープに明瞭になった。

丸をつけた部分は脂肪組織です。

頬が下に垂れ下がっていたので、丸印の脂肪組織の量が多くなり、これがほうれい線を深く刻む原因となっていました。

「カオキン体操」後の㉑は、頬の位置が上に上がったことで、丸印の脂肪組織のたるみが減り凹みも浅くなっています。

その結果、ほうれい線が薄くなったことがはっきりと分かります。以上のようなお話をHさんにさせていただいたところ、とても喜んでいただきました。

Hさんからは、

「特にがんばって取り組んだわけじゃないのに、こんなに効果があるなんて驚きました！　短期間で変われるのにもビックリです！『カオキン体操』はこれからも続けます！」

と、おっしゃっていただきました。

Hさんは40代ですから、50代、60代になる前から「カオキン体操」で表情筋を鍛えておくことで、老け顔とは無縁になれると思います。

体操前　　体操後

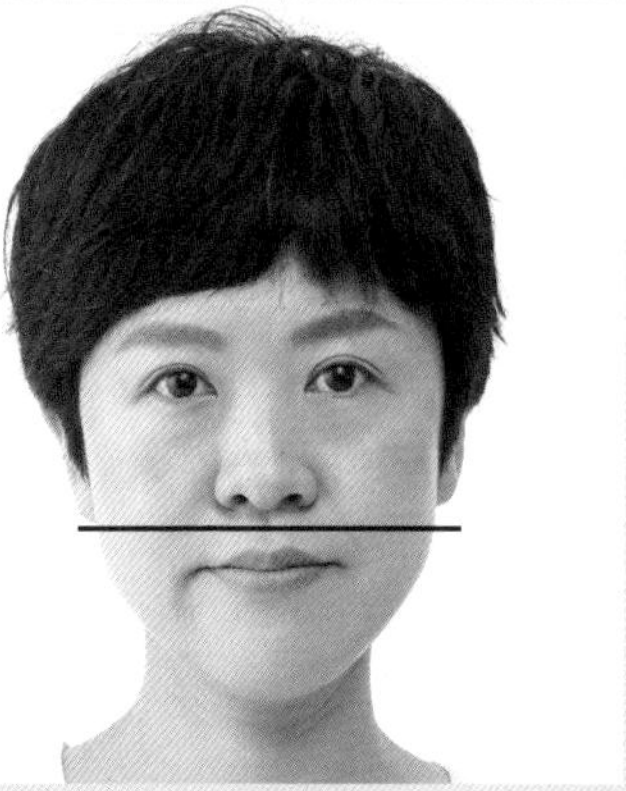

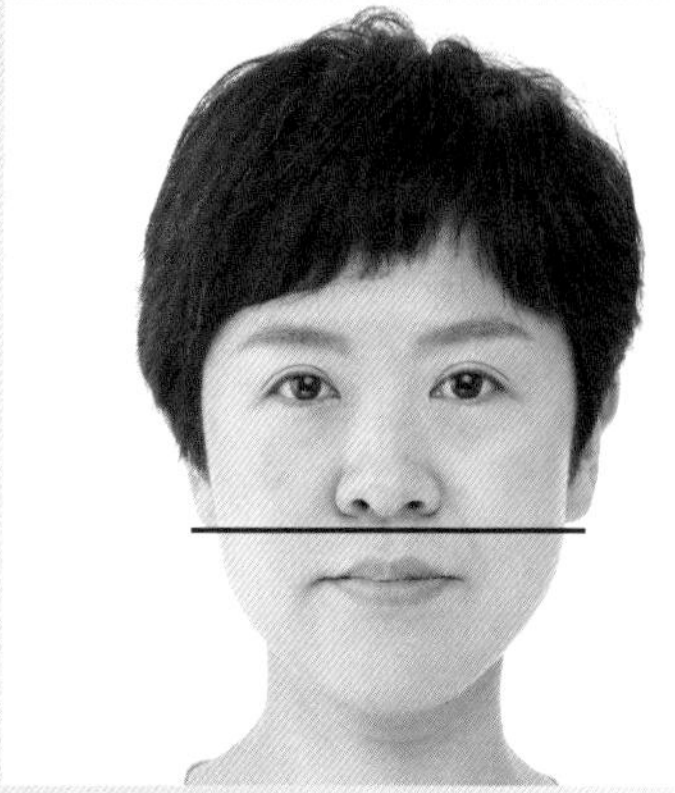

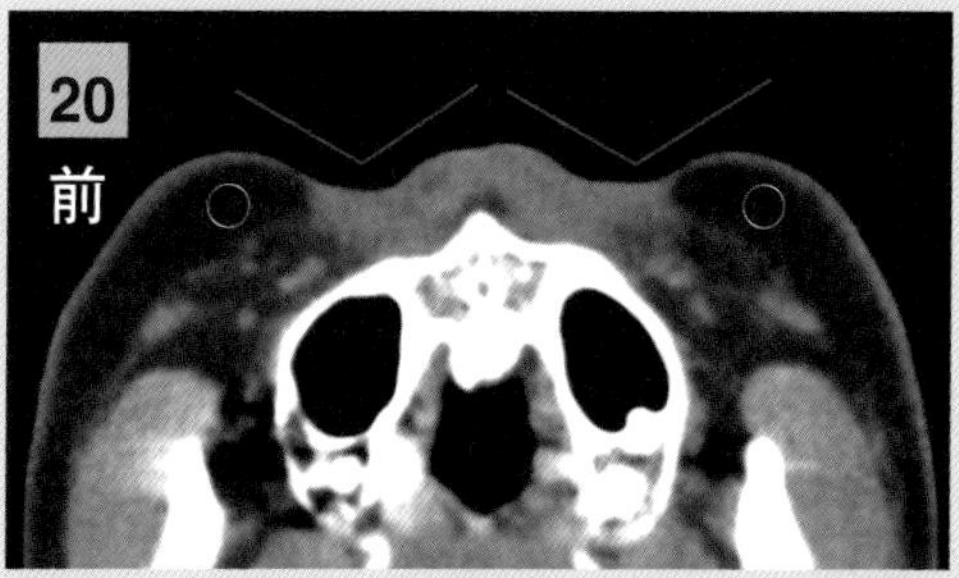

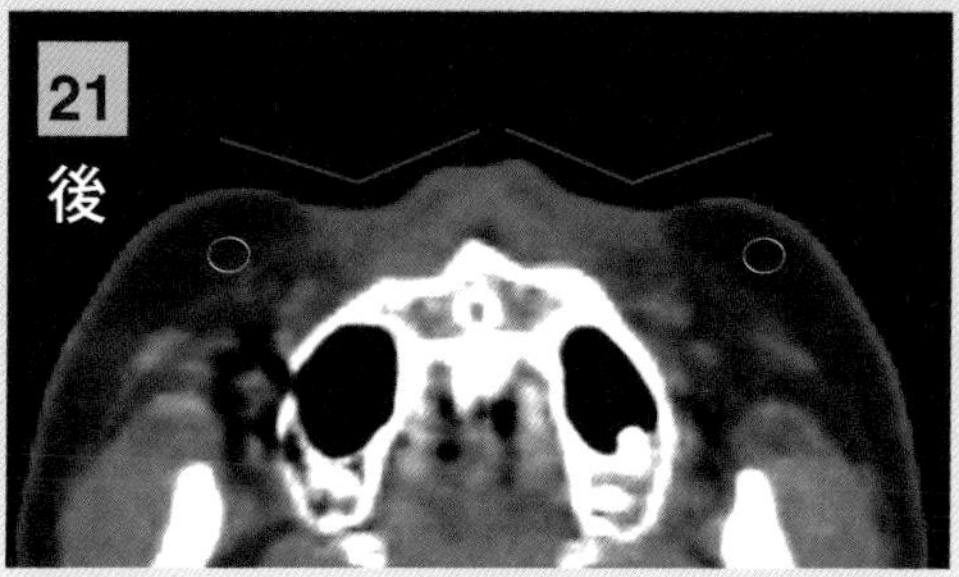

CTの輪切り：鼻と上唇の間

赤線：角度が減少しており、ほうれい線は浅化。

黄丸：たるんで前方に突出していた頬のたるみは軽減。

体験談　70代のKさんの場合

若い頃からスキンケアは入念に行っていました。美肌を保ちたいとの思いが強かったのです。美しい顔の肌をキープしたいというのは、多くの女性の共通の思いではないでしょうか。私もスキンケアは欠かしません。

肌への刺激はしわやシミの原因になるので、添加物の少ないナチュラル系の化粧品を今でも選んでいます。朝は、やさしく洗顔した後に化粧水とクリームをたっぷりつけ、日焼け止めを塗った上でファンデーションをつけるようにしています。紫外線も肌にはよくないので、若い頃から日焼け止めは冬でもつけるようにしています。

また、どんなに仕事で疲れていても、夜寝る前には必ずメイク落としをして、洗顔後の化粧水やクリームもたっぷり塗っています。化粧をしたままでは肌荒れの原因になりますし、洗顔したままでは肌が突っ張ってしまいます。しっとりとした肌で眠るのも習慣にしています。

スキンケアに気を付けていたので、年齢を重ねても若いといわれることが多く、自分でも「若いまま」と思っていた時期もありました。スキンケアを行っていれば、若い顔を維持できると無意識のうちに信じていたのかもしれません。

ところが10年以上も前から老眼の症状が進行し、視力が落ちてきました。今も仕事をしていますが、老眼鏡がないと細かい字を読むことはできません。新聞の字もぼやけます。

その目の状態で、ずっと鏡を見ながら洗顔や化粧を行っていたのです。自分の肌はまだ若いと思いながら……。

ある日、手紙か何かを読みながら、偶然にも老眼鏡を掛けて鏡に映る自分の顔を見たのです。「えっ！」と声が出るほど驚きました。信じられないほどの小さなしわがたくさん顔に見えたのです。目の周りの小さなしわ、目の下のくま、口の周りの縦じわ、ほうれい線はくっきりと深く刻まれ、顔も全体的にたるんでいました。

「これが私の顔なの？」

そう思うほど変わっていました。自分で想像していた顔と大きく変化していて、ゾッとして恐ろしく感じるくらい驚いたのです。

若い頃の美肌の面影はありません。悲しくて、老眼鏡を外しながら、しばらくは鏡を見たくない気持ちにさえなりました。

顔の老化を痛感しても、何かに取り組んだわけではありません。年齢的に「何をやってももう若い顔は取り戻せない」と思っていました。今さらスキンケアの化粧品をランクアップしたところで、肌の老化にあらがうのは難しい。肌の老化は止められないし、同世代よりは「お若いですね」といわれる機会も多いので、それで「よしとしよう」という気持ちが強かったのです。

そんなときに、奥田先生の「カオキン体操」を体験する機会に恵まれました。「体操」と称されていたので、ご指導を受ける前は「きっとたいへんな方法よね」と思い、正直言って身構えていました。70代の私の顔が若返る方法といったら、しわやたるみを取り除かなければならないし、「たいへんなことに決まっている」と最初は考えたのです。

目の下の小じわがなくなった！

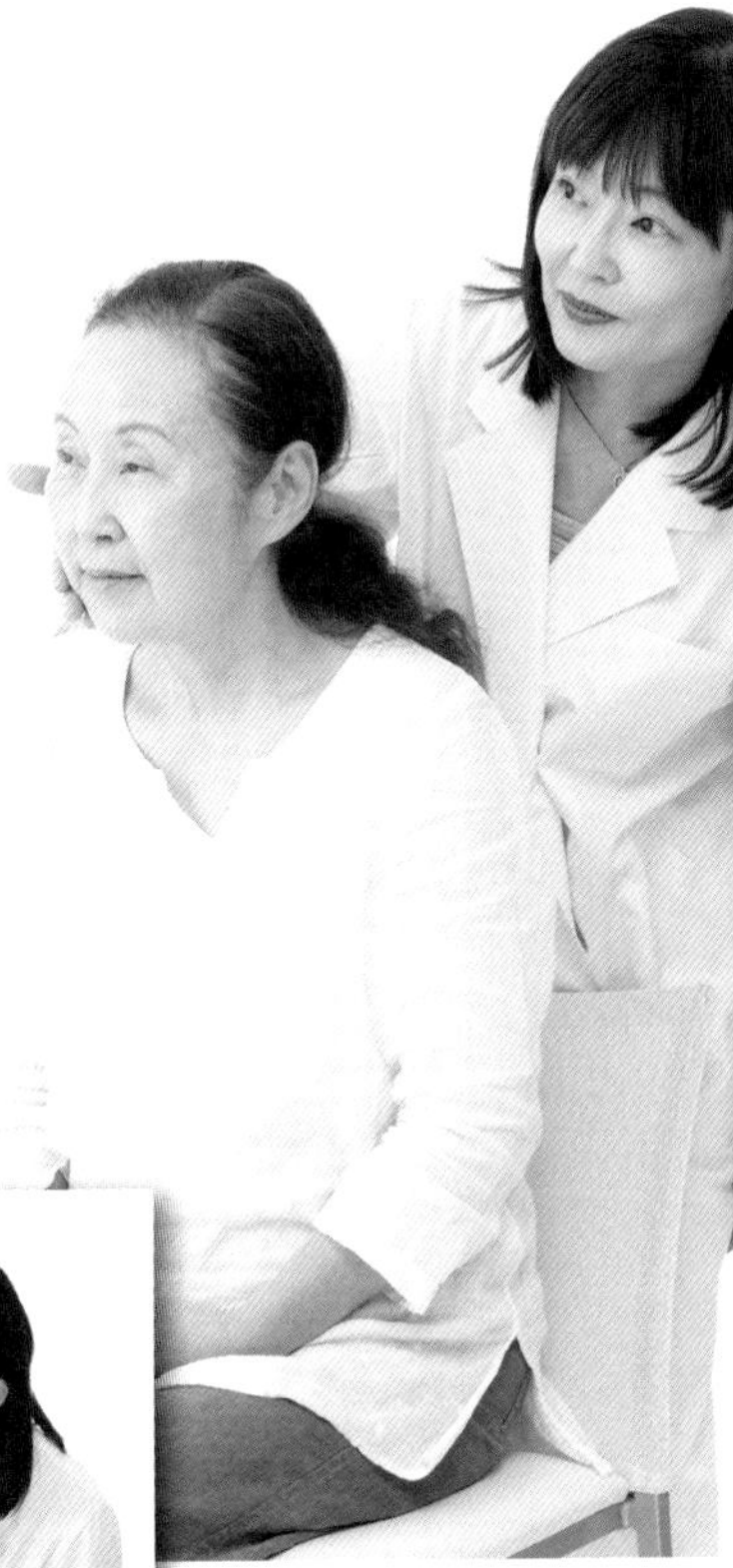

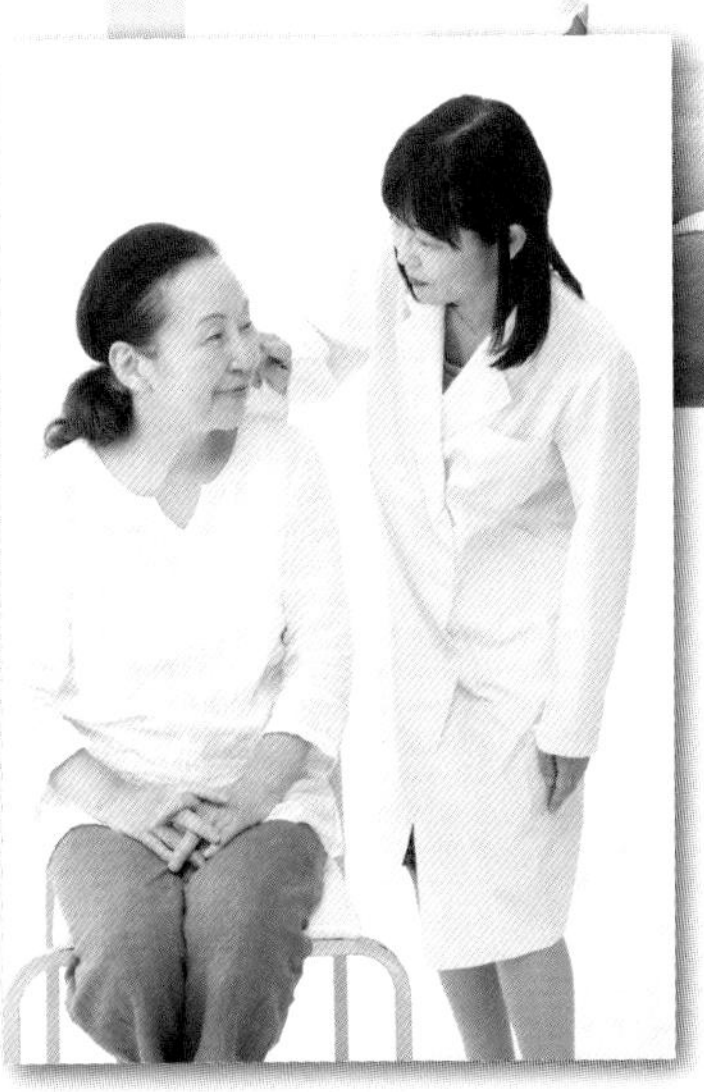

「体操後は奥田先生に
『目の上の小じわがなくなってハリが出ましたね』
といわれて嬉しかったです」
70代Kさん。

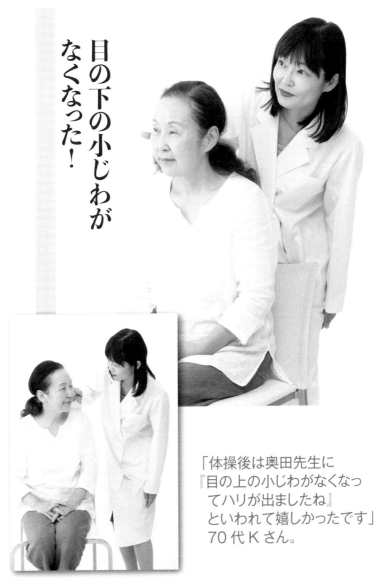

ところが、奥田先生から**「ニパニパ体操」「ウーイー体操」「ギュッパー体操」を教えていただくと、どれもとっても簡単な方法で「これだけで本当にいいの?」**と感じました。

たいへんな内容の体操は、仕事や家事の合間に行うのは難しいです。疲れているとやる気も失われます。

でも、奥田先生の「カオキン体操」は、とても楽な感じでしたので、抵抗なく取り組めました。

朝起きて顔洗った後は、鏡で顔を見るとき、化粧しているとき、料理をしているとき、キッチンで洗い物をしているときなど、思い出したときに「カオキン体操」をしていました。

特に、あごのたるみやほうれい線、目元のしわが気になっていたので、「ウーイー体操」や「ギュッパー体操」は、それぞれ3~4秒程度、気づいたときに取り組んでいました。両手で行う「リガメントほぐし」も、1日5~6回程度は行っていました。外出したときも幸いマスクをしているので、「ウーイー、ギュッパー、ニパニパ」という感じで、通勤時間やショッピングなどで歩いているときにも実践しました。奥田先生に「マスクの下で『カオキン体操』ができる」とアドバイスいただいたからです。たしかにマスクをしていれば、「カオキン体操」を行っても他人には気づかれません。

人に見られずに日常生活の中で自然に「カオキン体操」を取り入れることができました。

私はもともとスキンケアを入念に行っていましたが、顔の体操は初体験です。「カオキン体操」に取り組んで、初めて顔の筋肉を動かせることに気づきました。

話をしたり、笑ったり、食事をするときに、顔の筋肉を動かしているはずですが、それまで全く気づかなかったのです。「カオキン体操」で動かしているうちに、顔の筋肉を意識するようになりました。

以前は、「ウーイー体操」のように頭を後ろに反らしてあごを突き出すような動作は、行ったことがありませんでした。そのため、最初は頭を後ろに反らす動作も、上手くできませんでした。

「ウーイー体操」を続けているうちに前屈みの姿勢も矯正されたようで、姿勢がよくなったように感じます。

1か月後に再び奥田先生にお目にかかったときに、「目の上の小じわがなくなってハリが出ましたね」といわれて嬉しかったです。

老眼というのもあり、「カオキン体操」を続けて、姿勢はよくなったけれども顔のどこに変化が見られるのか、よくわかりませんでした。**奥田先生から顔の変化を教えていただいて、嬉しくて思わず笑みがこぼれると同時に、「顔の筋肉も鍛えられる」ということを痛感しています。**

「このまま続けることで、あごのラインはさらにキレイになり、ほうれい線はもっと薄くなります。ゆる〜い努力で続けてくださいね」といわれ、ますます「カオキン体操」が好きになりました。

スキンケアに加えて「カオキン体操」で、「お若いですね」といわれる機会をさらに増やしていきたいと思っています。

奥田の評価

Kさんは70代というご年齢とは思えないほど笑顔が素敵で、年齢よりもお若く見えました。

でも、ご本人は、「カオキン体操」に取り組まれる前は、お顔全体のたるみやしわ、ほうれい線などを気にされていたのです。特に「目元の小じわが特に気になる」とおっしゃっていました。

1か月ぶりにKさんに再会したときには、第一印象で「目元が変わった」と感じました。こじわが減り、目の下の「袋垂れ」が薄くなり、目元にハリが出て若々しく見えるようになっていたからです。

「カオキン体操」について伺うと毎日のように取り組まれ、その成果が確実に現れているのがわかりました。

実際に、ＣＴ検査の目元の縦切りの画像を見てみましょう。「カオキン体操」を行う前のＫさんの画像が**(22)**です。目の下の表情筋である眼輪筋が薄くなって眼球の下側の脂肪組織が外に飛び出し、目元にたるみが生じています。目の下の「袋状のたるみ」に加えて小じわも生じやすい状態でした。

一方、「カオキン体操」後の画像が(23)です。眼輪筋が厚くなっているのが一目瞭然です。厚くなった眼輪筋が脂肪組織を抑えているので、目の下の「袋垂れ」が改善し、さらにちりめん状の小じわも少なくなっていました。

普通の顔写真でも確認してみましょう。

「カオキン体操」前の写真が(24)です。目の下の「袋垂れ」がはっきり見えます。「袋垂れ」や小じわによって、目は眠たそうな印象をもたらしていました。

「カオキン体操」後の写真(25)をご覧ください。目の下の「袋垂れ」が改善しています。小じわも少なくなったことから、目がはっきりとして生き生きとした印象を与えています。**マスク着用では「目力がものをいう」といわれるほど、目元の印象は大切になります。Kさんの目元は、「目力」を取り戻したといえるでしょう。**

ここでは、全ての画像をご紹介できませんが、Kさんにはたくさんの変わった点が見られました。

70代女性Kさん

体操前

22

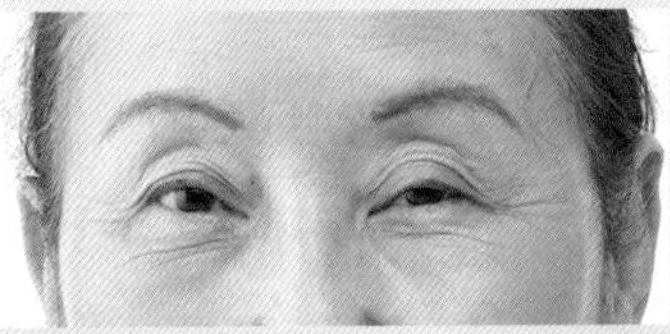

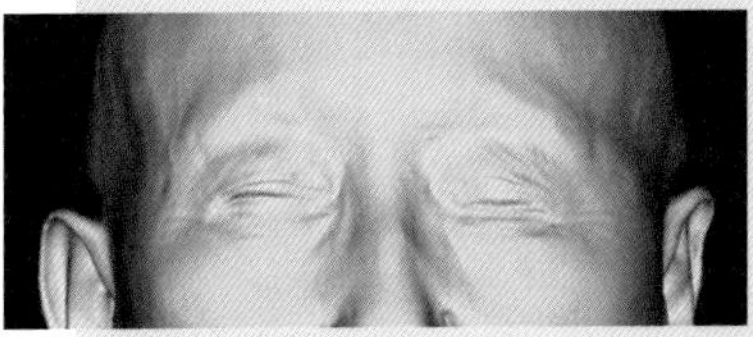

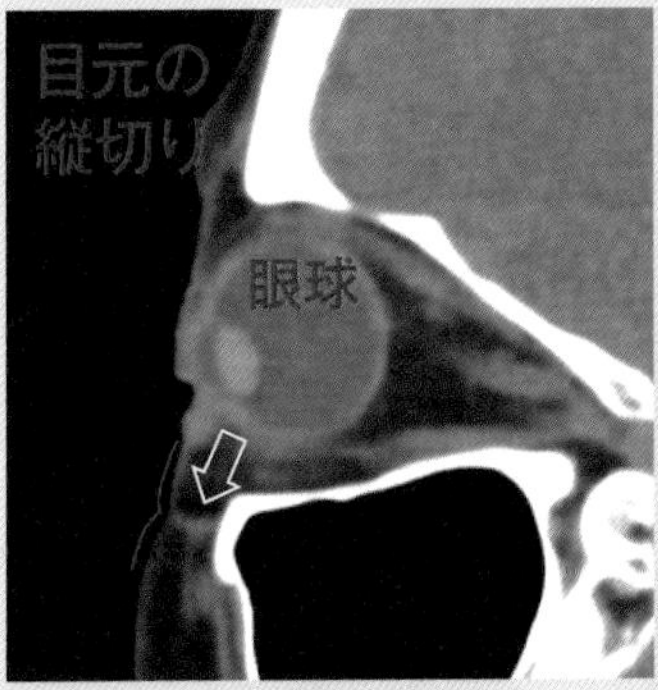

■赤線：下瞼の段差が
目立たなくなった。

体操後

23

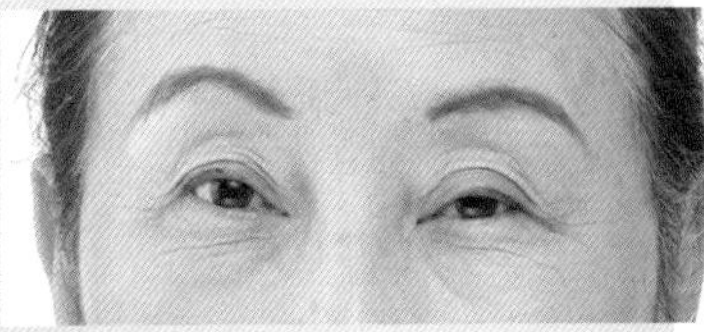

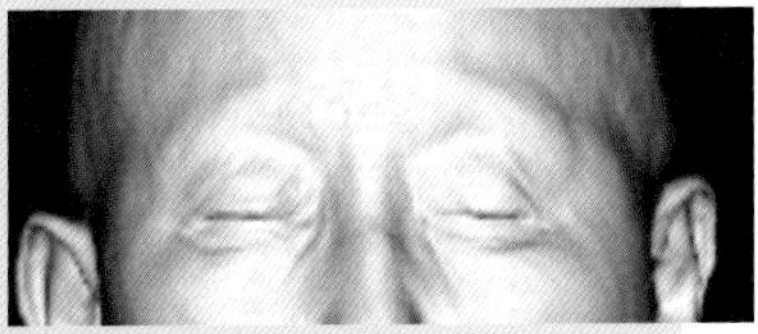

■目の周りのちりめん小じわが
減少して目まわりがすっきり。

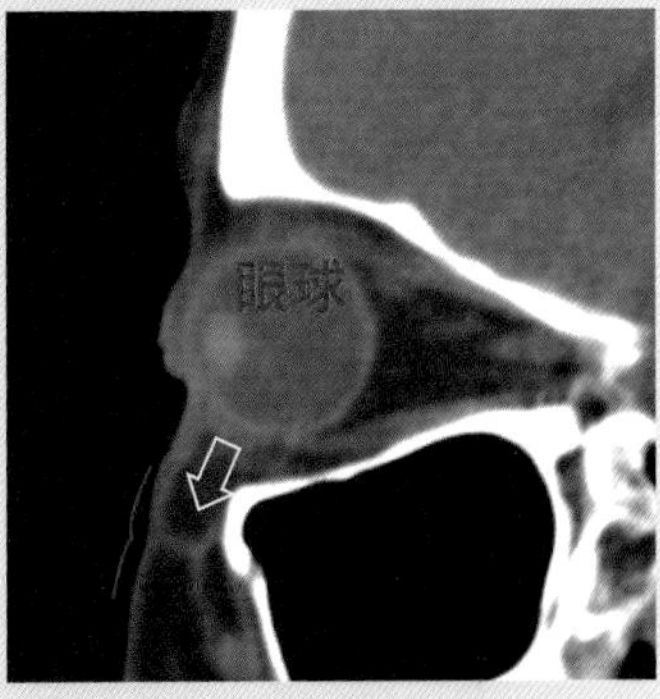

■黄矢印：
眼輪筋が厚くなり、張りが出て
きた。

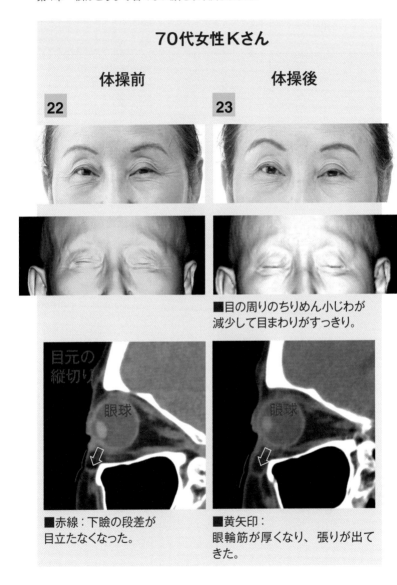

「ウーイー体操」を気に入って取り組んでいただいたようで、先程ご紹介したHさんと同様に、あごのラインがすっきりして頬の位置も上がり、ほうれい線も薄くなっていたのです。お顔全体が明るい雰囲気になっていました。

「あんなに楽なカオキン体操を1か月取り組んだだけで、こんなに変わるものなんですね。顔の筋肉が鍛えられるなんて、初めて知りました」と、Kさんはおっしゃっていました。

そうなんです。「カオキン体操」は、誰でもゆる〜い努力で取り組めます。しかも、たった1か月行うだけで、ご高齢の方でも、表情筋や表在性筋膜が鍛えられ、目の下の袋垂れ、ほうれい線、お椀あご、さらには、ガチョウ首なども改善し、若々しい顔を取り戻すことが可能といえるのです。

「しわがなくなったことを確認できるのは、気分がとてもよいです。老眼鏡をかけて鏡を見るのが楽しみになるように、ゆる〜い努力を続けます」とKさん。

「カオキン体操」で明るい気持ちを後押しできたのも、とても良かったと思っています。**みなさんも、ゆる〜い努力で試してみてくださいね。**

体操前　体操後

24　25

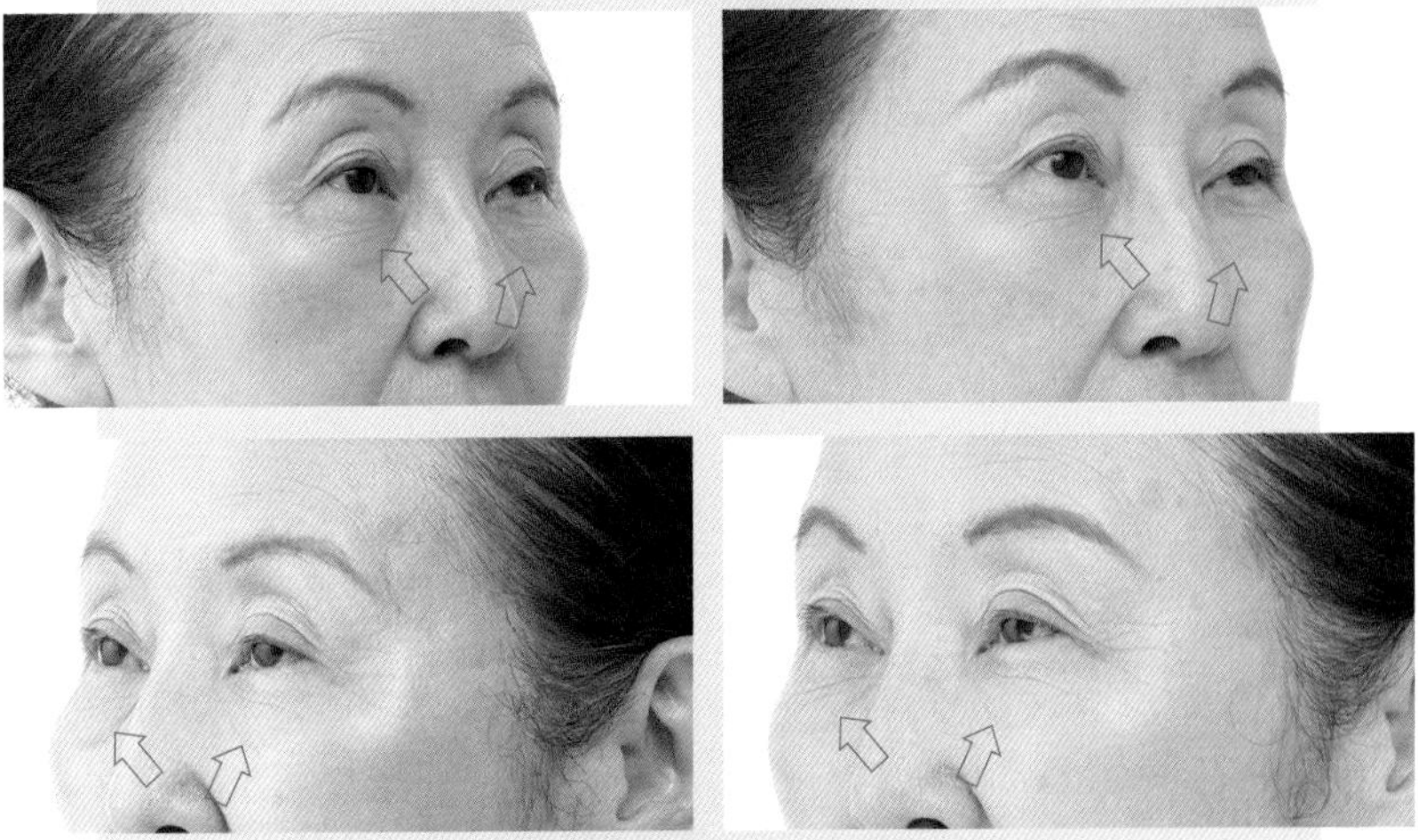

■写真を見ても目元のたるがみ減少しています。

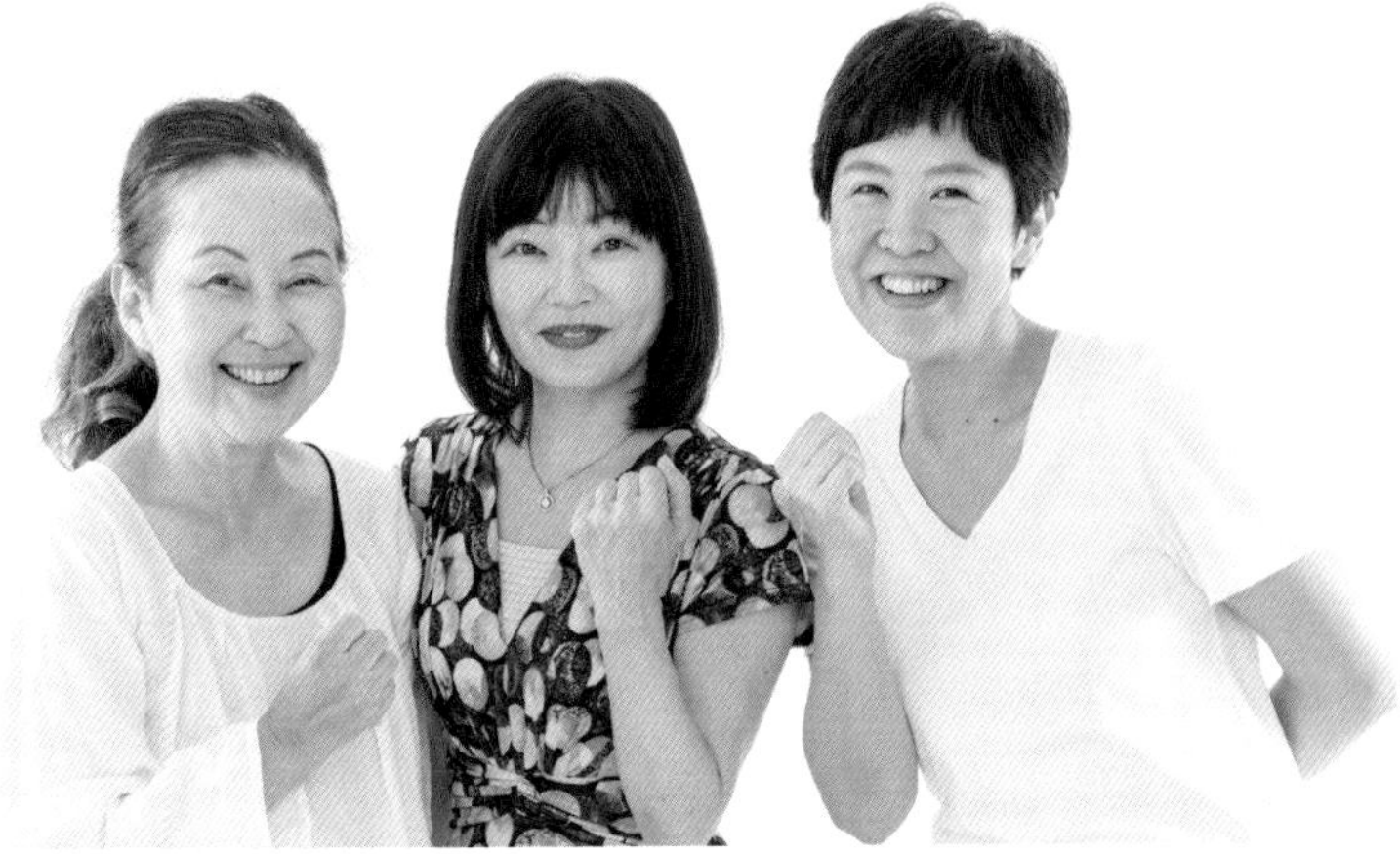

ゆる〜い努力で変わりました!

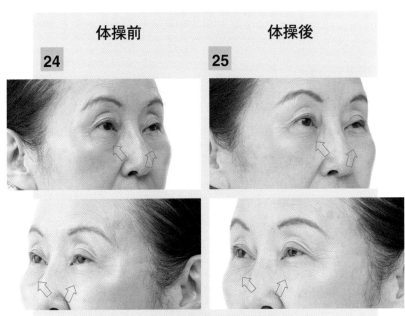

第5章

日常生活にも注意しましょう

日常生活の習慣が老け顔に関わる

「カオキン体操」で顔の表情筋を鍛えることができますが、**日常生活の見直しも大切です。**前屈みの姿勢など、日常生活の習慣が老け顔に関わっていることがあるからです。

たとえば、第2章でいつも眉間にしわを寄せていると、普通の顔をしているときにも眉間のしわが消えなくなるお話をしました。

ちょっとした日常生活のクセを見直すことで、老け顔予防に役立ちます。

また、お肌の状態を若く保つには日頃のケアも欠かせません。

この章では、「カオキン体操」に加えていただきたい日常生活の見直しについてご紹介します。

全身の美直角を意識しましょう。

第2章の「二重あご」の項目（98ページ）で、あごと首が90度になる「美直角ライン」のお話をさせていただきました。

あごを引いた状態を続けていると、あごの皮膚や表情筋の広頚筋が薄く弱くなってたるみを作ります。

あごを引いた状態を続けるのはよくありません。でも、日常的にあごを引くような動作を無意識に行う機会が増えています。なぜなら、スマートフォンやパソコンの操作では、あごを引くような姿勢になりやすいからです。

スマートフォンは便利なアプリがあるので私もよく使用しますが、つい下を向いて操作をしてしまいがちです。この姿勢がよくありません。

前屈みの姿勢では重い頭を首が支えるため、首の骨（頸椎）に負荷がかかります。それを支える胸の骨（胸椎）や腰の骨（腰椎）にも負荷が及びます。それらの結果として、肩こりや腰痛の人が増えているのです。

厚生労働省の「２０１９年　国民生活基礎調査」によれば、訴えの多い症状（有訴者率）で、**女性の第１位は「肩こり」、第２位は「腰痛」。男性の第１位は「腰痛」、第２位は「肩こり」でした。**コロナ禍以前から肩こりや腰痛に悩まされている方は多く、コロナ禍の生活環境の変化で、この状況が悪化している可能性があるのです。

医療機関で適切診断・治療を受けて改善できればなによりですが、同じような前屈みの姿勢を続けていると、再び肩こりや腰痛に見舞われることになります。痛みをとっても、しばらくするとまた痛くなる。この繰り返しに悩まれている方は少なくありません。

肩こりや腰痛の解消には、血流をよくするための運動習慣や同じ姿勢を長時間続けないといったことが大切ですが、仕事が忙しいと理想的な解消法に取り組むのが難しいこともあるでしょう。

私は画像診断を専門としていますので、パソコン画面を長時間見続けることもよくあります。日々の診療や研究、論文作成などに時間をとられて運動習慣をキープするのはたいへんです。実は、減量に関して学会で発表するまで、私は運動を全くしていませんでした。実体験を発表内容に反映させるために、初めて筋トレに取り組んだのです。スクワットの方法すら知りませんでしたし、運動習慣は全くありませんでした。

そんな私ですが、**これまで腰痛に悩まされることはほとんどないのです。理由は簡単です。日頃から正しい姿勢を意識しているからです。**座るときも、立つときも、**「美直角ライン」**を意識しているだけです。そして、肩こり予防のために肩甲骨が動くように肩をグルグルと回します。たったそれだけで予防につながるのです。単に私の経験則ではなく、整形外科医の先生方も「姿勢を正すように」と患者を指導しています。

姿勢を正して肩こりや腰痛を予防するというのは、科学的な根拠に基づくお話です。

私が実践しているのは「美直角ライン」を意識した座り方です。90度の角度をキープした姿勢を保ちます。

まずは、椅子に座ってみましょう。太もも、お尻、背骨のラインが「90度」になるように座ります。ご自宅などに全身鏡があれば、その前で座って姿勢をチェックしてください。ご自身で確かめるのが難しい場合は、ご家族やご友人などに見てもらいましょう。

さらに、背筋をまっすぐ伸ばして、顔は正面を向き、あごと首が90度になる「美直角ライン」も意識してください。太ももに対してあごが並行に位置するのが理想です。

加えて、足元にも注意しましょう。曲げたひざは90度の角度になっていますか？ひざの角度も直角にして、足首も90度になるようにして座ります。

腰、ひざ、足首、そして、あご……。この「美直角ライン」を意識して座ることで、腰痛や肩こり予防につながり、さらには、二重あごなどの老け顔防止にも役立ちます。

私は若い頃から正しい姿勢を習慣にしています。もちろん、机に向かっているときには、ときどきひじをついておでこに指をあて、しわが寄っていないかチェックをすることもあります。「正しく座らなきゃ！」と強く思ってしまうと、ストレスがたまって眉間にしわがよるようなことも起こりかねません。**最初は「ちょっと意識する」といったゆる〜い努力で取り組んでみてください。**

習慣化できれば、正しい姿勢をとるのは苦ではなくなります。習慣化できるように、

理想的美直角ライン

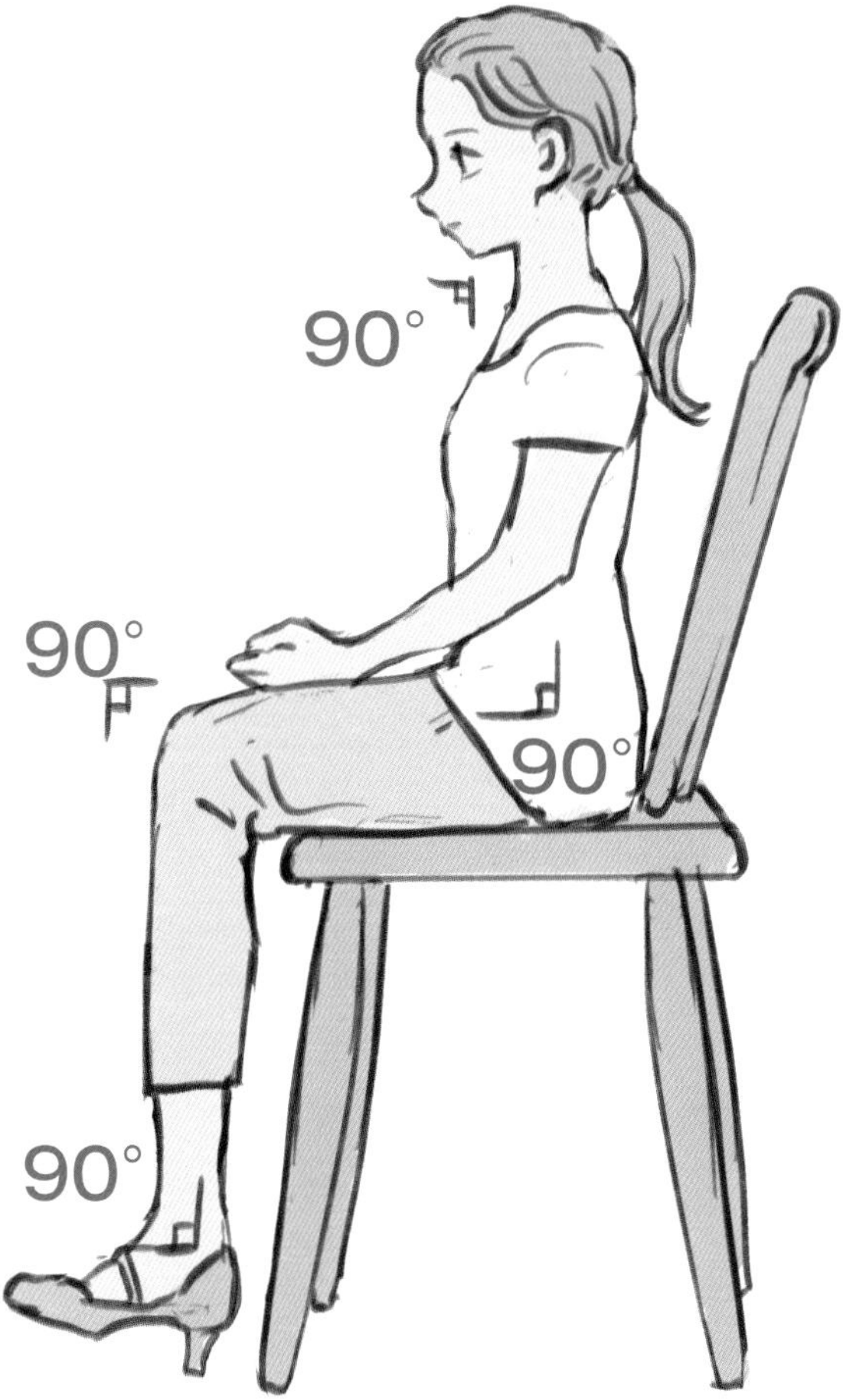

■お腹と太ももの角度、膝と足首の角度 90 度、あごの角度 90 度の美直角ラインを意識して座ってみましょう。

長〜い目で、ゆる〜い努力で、姿勢を意識していただきたい思います。

とはいえ、座っているときに常に「美直角ライン」を維持することは無理です。パソコン画面などを見るときにはよいのですが、読書やスマートフォンの操作では前屈みにならざるをえません。なるべく「美直角ライン」を意識しつつも、前屈みに……。

腰やひざ、足首は「美直角ライン」をキープできますが、分厚い医学書に目を通すときには、首が前屈してうつむき加減にならざるをえません。スマートフォンの操作のときもしかりです。

そんな悪い姿勢を改善するのに、第3章でご紹介した「カオキン体操」のひとつ、「ウーイー体操」（110ページ）が役立ちます。前屈みで負荷を掛けた首を後ろに反らし、たるみがちな首の広頚筋も伸ばすことで、肩こり撃退！　二重あご撃退！　の一石二鳥が期待できます。ついでに、首を左右にゆっくり曲げることも加えれば、首の血流がよくなって「首こり」予防にもつながります。

私は立ったときの姿勢も意識しています。背筋を伸ばして胸を張り、あごと首の美直角ラインを意識しましょう。胸を張ることでバストラインも上がり、美しいシルエ

ットにつながります。

バストラインを維持するには、適正なブラジャーをつけることも大切です。先程もお話をしましたが、**乳房を支えるクーパー靭帯は、コラーゲンを主成分としてるため、もろくてゆるみやすいのです。**サイズの合わないブラジャーや、〝ノーブラ〟の状態を続けていると、クーパーがゆるんで支える力が弱まり、乳房が垂れるようなことになってしまうのです。クーパー靭帯も、顔の表情筋や表在性筋膜も、守りながら美しいシルエットを実現しましょう。

とはいえ、立ち姿を意識するのは、ご自身で見るのがたいへんなだけに「難しい」といわれる方もいます。まずは、**全身鏡やガラスなどに映ったご自身の立ち姿をチェックしてみるとよいでしょう。**

座ったときに前屈みの状態を続けていると、立ったときの姿勢も猫背になりがちです。首が前に出てあごの下が垂れ、背中が丸みを帯び、前屈みなので胸のラインも下がり気味に……。前方に丸みを帯びて「垂れ頬」や「二重あご」などになると、老けた感じに見えます。立ち姿の若さをキープするために、背筋をまっすぐ伸ばしましょう。顔から足先まで若々しい姿を取り戻していただきたいと思います。

若さキープの筋肉強化にタンパク質は不可欠です

若さを取り戻すために「カオキン体操」のゆる〜い努力で、表情筋や表在性筋膜を鍛えることは大切ですが、栄養補給も欠かせません。筋肉などが再生強化するときには、筋肉や組織の材料となる栄養素が不可欠だからです。そのひとつが「タンパク質」です。たとえば、皮膚のクッションの役割をしている真皮のコラーゲンは、タンパク質を材料として作られています。**タンパク質がないとコラーゲンを維持することが難しくなります。また、加齢に伴い真皮のコラーゲンを作る線維芽細胞が減るため、タンパク質不足は、肌の弾力低下に拍車をかけることになります。すると、肌のハリは失われ、たるみがひどくなり、小じわも生じやすくなると考えられています。**

一般的に筋肉の材料としても、タンパク質が必要なことはよく知られています。

厚みのあるしなやかな表情筋や表在性筋膜を良好に保ち、蘇らせるにはタンパク質

若さを保つために
タンパク質の摂取は必要

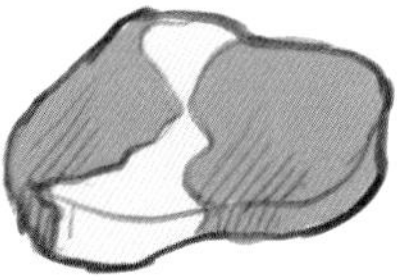
肉

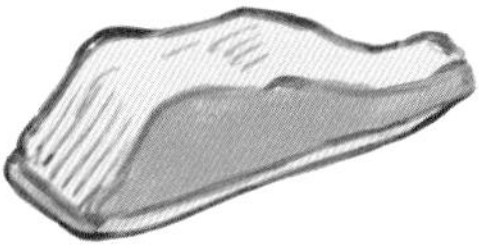
魚

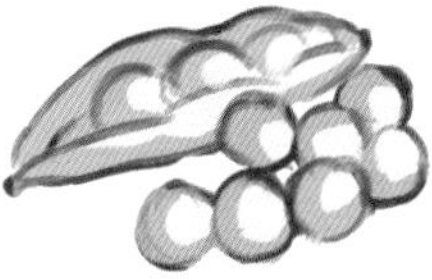
豆

牛乳

卵

アボカド

チーズ

豆腐

ブロッコリー

が欠かせません。

そして、若さを保つためにも、タンパク質はなくてはならない栄養素といえます。

みなさんは、近年、健康長寿に役立つ栄養素として、タンパク質が注目されているのをご存知でしょうか。ご高齢になると、一般的に足腰が弱くなりますね。その状態が進行してフレイル（虚弱）になると寝た切りのリスクを高めます。足腰を鍛えることは大切ですが、ご高齢の方は食が細くなって栄養不足に陥りがちです。食べられない、動けない、その結果、身体がどんどん弱くなってしまうのです。それを防ぐために必要な栄養素の一つが「タンパク質」なのです。

コロナ禍のリモートワークでは、間食をする方が増えたといわれています。職場では、他人の目を気にして食べづらいお菓子も、自宅で仕事のときには食べたい時についつい食べすぎてしまう。それが栄養バランスのくずれにつながっていると推定されています。**若い方でも、タンパク質よりも糖質が多いと筋肉量が減って、脂肪が増えるような状況に陥りやすくなります。余った脂肪は、全身のあちらこちらでたるむでしょう。顔もたるめば「老け顔」になる**ので注意しましょう。

つまり、年齢問わず、若さと健康のために「タンパク質」は欠かせません。老け顔撃退でも「カオキン体操」プラス、たっぷりのタンパク質を食べることをお勧めします。

私が活用しているのは、スーパーでよく売っている赤身の牛肉の薄切り肉です。湯通しした薄切りの牛肉を昆布しょうゆの中にしゃぶしゃぶすると美味しいです。少し七味をかけたり唐辛子とか黒胡椒をかけてもいいし、とても簡単です。

炒めたり、湯通ししたりする調理法は、帰宅後にサッと作れて便利です。鶏肉も好きで簡単に美味しく作ります。ももは焼いてからポン酢ネギに和えたり、ごま油で焼いてネギと絡めればいいし、楽ちんです。あれば大根おろし、なければネギ、ザーサイと和えても鶏は美味しいです。

ただ、ささみ、むねなど脂がない部位はしっとりさせる下処理に時間がかかるのであまり使用しません。

ランチでは、コンビニエンスストアのチキンナゲットもときどき食べます。チキンナゲットの衣は薄いし、食べやすいのがいいですね。豚肉も食べます。

脂っこい肉の脂身は年齢とともに食べられなくなり、たま〜に霜降りロース肉です。プロテインのソフトドリンクもよく飲みます。もちろん、魚類や豆類、卵も食べます。

講演会などで「タンパク質をとりましょう」というと、「肉類ですか？」と質問を受けることがよくあります。タンパク質イコール肉類のイメージを持たれている方がいますが、魚類、豆類、卵にもタンパク質は含まれます。

肉類ばかりを食べましょうとはいいません。いろいろな食材をとる方が健康に役立つので、卵や豆類、魚類も、食べましょう。

私はお刺身も大好きです。切り身のまま購入してくれば、調理の手間も省けます。盛り付けしてサラダを添えて出来上がり。簡単で美味しいものは大好きです。ゆる〜い努力で、美味しくいただきます。

スベスベのお肌は油食で実現

タンパク質に加えて、もうひとつ、**美肌で忘れてはいけない栄養素があります。**

「脂質」です。脂&油（あぶら）のことです。

スベスベのお肌を維持して、紫外線や細菌などの外敵から皮膚を守るには、脂質が必要不可欠なのです。

肌の表面は皮脂で覆われています。何層にも重なった角層を皮脂でカバーすることで、外部から侵入しようとするウイルスや細菌、ほこりなどの異物から肌を守っています。皮脂がないと肌の中の水分が蒸発して乾燥してカサつきがちの肌になり、表皮の下の真皮もダメージを受けやすくなります。

真皮は、皮膚のクッションのような役割を果たしていますので、真皮の弾力性が失われると、小じわが生じやすくなります。また、角層や真皮がダメージを受けて、皮膚の代謝能力が落ちると、シミも生じやすくなります。

つまり、**皮脂不足は、カサカサ&シワシワ&あちこちにシミの肌を生み出すことになるのです。**

そんな重要な皮脂の材料として「脂質」が不可欠なのです。

でも、「あぶら」は健康面から考えると、悪者にされがちです。健康診断の検査数値で「中性脂肪」が高いと指摘を受けることがあるでしょう。「中性脂肪」が高いということは、体内の余分な脂肪がありすぎることを示します。体重が増えてお腹周りに脂肪がつくのは、余分な中性脂肪が原因となります。脂肪がたまりすぎるのはよくありません。そのため、脂肪イコール栄養素の脂質と考え、「油抜きダイエット」を行う方がいるのでしょう。

でも、**中性脂肪は、肉類の脂身や、揚げ物の油をとり過ぎたからと考えがちかと思います。実はご飯などの炭水化物のとり過ぎで、中性脂肪は高くなるのです。**

ご飯などの炭水化物を食べると、お腹の中で分解されてブドウ糖になります。ブドウ糖は細胞のエネルギー源なので、身体を動かしてどんどん使用すれば、炭水化物をたくさん食べても太りません。でも、食べる量よりエネルギー消費は、運動習慣を持たない方は少なくなりがちです。エネルギー消費されないブドウ糖は、肝臓で中性脂肪に変えられて貯蓄されるのです。

油を使った料理を食べたから中性脂肪の数値が高くなるより、ご飯などの炭水化物をたくさん食べすぎて、中性脂肪が数値が高くなるのが一般的といえます。**油を完全に抜いてしまうと、皮脂が減ることで小じわが増える原因になるので注意しましょう。**お腹の余分な脂肪は、ごはんやお菓子などの糖質を減らし運動量を増やして燃焼させて、調節するとよいと思います。

私は、よくオリーブオイルやごま油で薄切り肉などを料理して食べています。自分へのご褒美にときどき霜降り肉で、動物性脂肪にもちょっぴり舌鼓を打ちます。チーズも大好きです。

私は仕事柄、規則正しく食事の時間をとるのが難しく、デスクワークが多いため運動不足に陥りがちです。摂取量と消費量を考慮して、エネルギー源となる糖質は抑え気味にしています。肉類や魚類などの「タンパク質」と、それを炒める油、サラダにかけるドレッシング、さらにはチーズで「脂質」を意識してとるようにしています。

もちろん、スベスベの肌に役立つとはいえ、油も食べ過ぎはよくありません。「脂質」と一言でいっても、いろいろな種類があるからです。肉類に多く含まれる脂質の成分・飽和脂肪酸は、食べ過ぎるとＬＤＬ（悪玉）コレステロールを血管内に増やして活性酸素の暴走を後押しします。

活性酸素というのは体内で生じる酸素のことで、ウイルスなどを排除するといった健康に役立つ面もありますが、増えすぎると細胞を傷つけて老化やがんなどの病気の原因になるのです。

老化防止では、体内で活性酸素を増やし過ぎるのはよくありません。肉類などに含まれる飽和脂肪酸は、とり過ぎない方がよいと思います。活性酸素は、紫外線とも大いに関係します。紫外線の日焼け止めについては、後述する化粧品のところでお話しします。いずれにしても、食べ過ぎはよくありません。良質な「タンパク質」を摂り、「脂質」をほどほどに食べて、美肌に役立てましょう。

美肌の強い味方！　ビタミンも忘れないで！

美肌の弾力性やハリを保つには、ビタミンをとることも欠かせません。

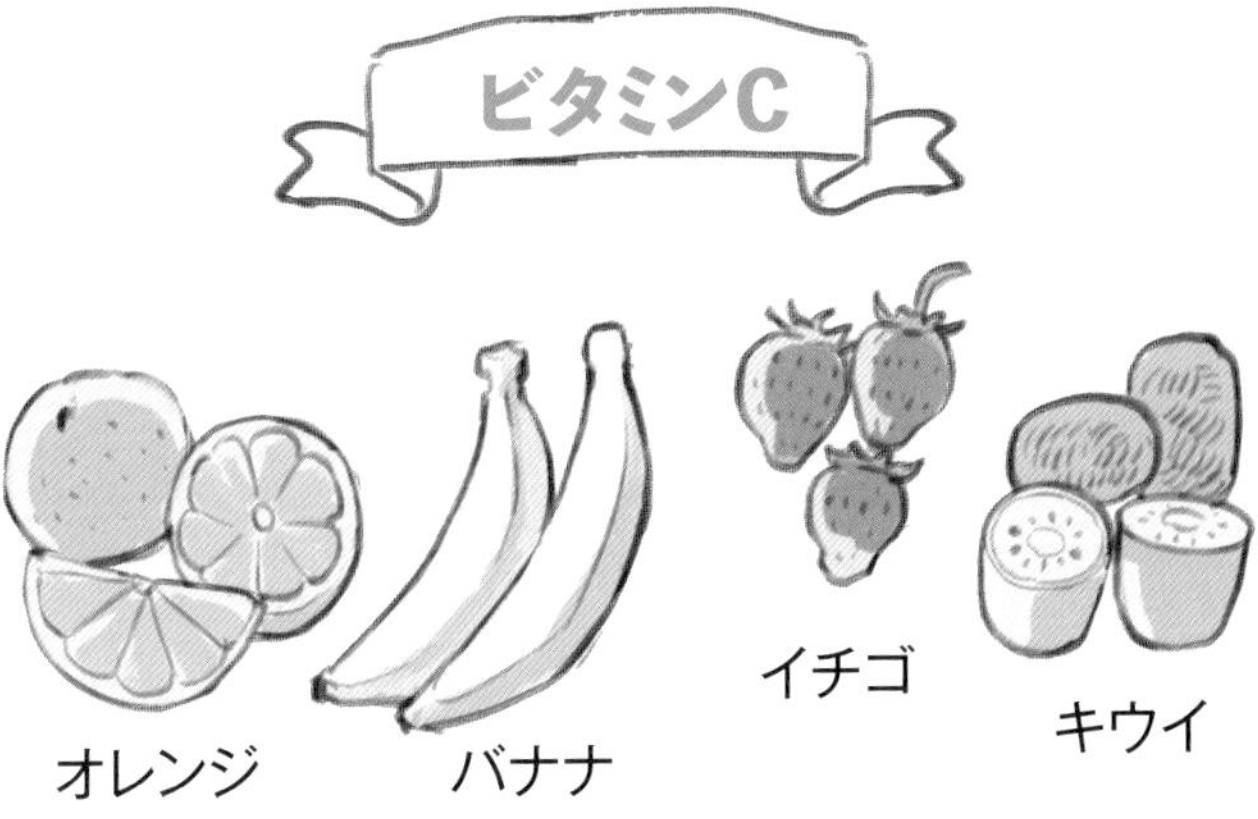
ビタミンC
オレンジ
バナナ
イチゴ
キウイ

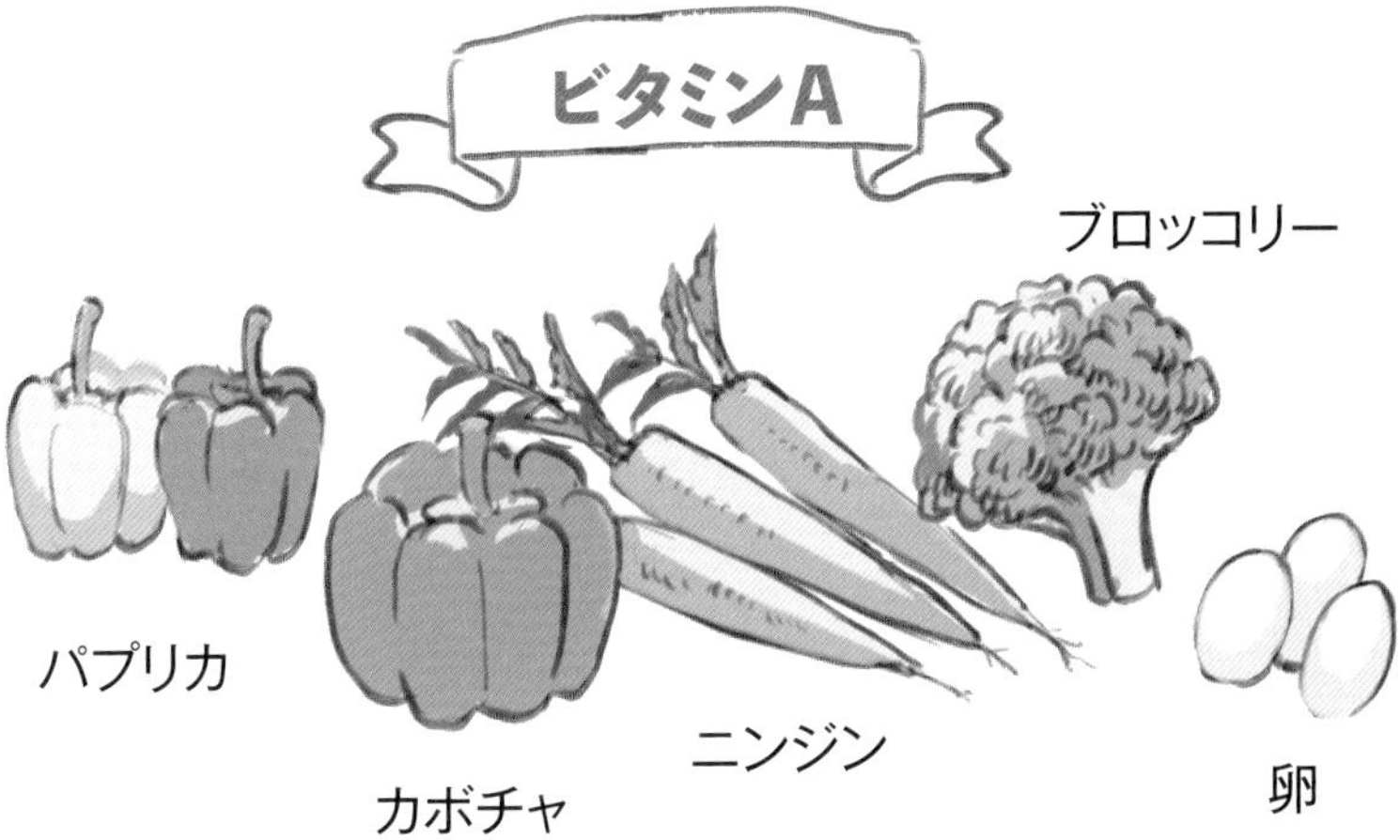
ビタミンA
ブロッコリー
パプリカ
カボチャ
ニンジン
卵

お肌の弾力性を保つコラーゲンを作るには、ビタミンCやビタミンAが必要だからです。ビタミン不足では、ガサガサでしわが生じやすい肌になってしまうのです。

肌の弾力に関わるコラーゲンの原料は、肉類や魚類、豆類などのタンパク質です。タンパク質が分解されてアミノ酸になり、アミノ酸同士をくっつけてコラーゲンを作るときに、ビタミンCやビタミンAが必要とされるのです。タンパク質だけをたくさん食べても、ビタミンCやビタミンAが不足していると、美肌の役には立たないのです。

大事な栄養素のビタミンCやビタミンAは、抗酸化作用でも知られています。この抗酸化作用でも美肌の強い味方になってくれます。

紫外線を浴びると肌の下にはたくさんの活性酸素が発生します。活性酸素は、細胞を傷つけ遺伝子を変えるような力を持っていて、表皮の下の真皮のコラーゲンなどを破壊してしまうのです。

活性酸素で真皮が破壊されると、ベッドのマットレスが凸凹になればシーツにしわがよるように、**真皮の上に乗っている表皮の角層も変性します。**凸凹になるのです。

細かいしわがよりやすくなり、表皮のバリア機能が低下することで、紫外線や細菌などの外敵がお肌の奥へ侵入しやすくなってしまうのです。その結果、シミも生じやすくなります。

紫外線の侵入を防ぐため、お肌ではメラニン色素（色素細胞）が盾のような役割を担っています。メラニン色素が紫外線を吸収することで、体内に紫外線が入るのを防いでいるのです。防御の役割を終えたメラニン色素は、角層の新陳代謝によって排せつされます。ところが、角層や真皮がダメージを受けて新陳代謝が悪くなっていると、排せつされずに留まってしまうのです。それがシミです。

それを防ぐには、**紫外線対策はとても重要ですが、栄養素としては「抗酸化作用」を持つビタミンも欠かせません。紫外線によって生じる活性酸素は、封じ込めるためにビタミンが役立つ**からです。

ビタミンCはキウイフルーツ、ブロッコリー、レモン、イチゴ、赤ピーマンなどに含まれ、**ビタミンA**はニンジン、卵黄、うなぎなど。ビタミンEも抗酸化作用で知られ、ナッツ類やうなぎなどに多く含まれます。お肌を守るために、フルーツを食べて、かば焼きに舌鼓を打って……。栄養素を考えながらお料理をするのは、とっても素晴らしいことです。さまざまなレシピをインターネットで入手することもできます。でも、お料理に時間がかけれないこともあるでしょう。

私は、夕食を作るときに、ブロッコリーやアスパラガス、ネギ、トマトやキュウリなど、さまざまな野菜を食べるように意識しています。

ご飯は糖質が多いので控え、代わりにブロッコリー、アスパラガスをよく食べます。

ブロッコリーは、茎にもビタミンCがたっぷり含まれています。私は調理をするときにつぼみ部分だけでなく茎も使用しています。おすすめはブロッコリーの茎を3ミリ～5ミリに薄切りにして、茹でたものです。歯ごたえもよく、ホクホクしてじゃがいもっぽくて美味しいです。茎の外側は硬くて包丁でむくのがたいへんなので、薄切りにした後にクッキーの型抜きで中心部分だけをくり抜くと簡単です。ビタミンCは熱に弱いので茹でない方がよいそうで、ブロッコリーのつぼみや茎は電子レンジで3～

4分加熱すると、ビタミンCが損なわれにくく効率よくとることができるそうです。茎をザーサイにするレシピも、ネット上で紹介されていました。

私は、先程お話をした、薄切り肉と一緒に美味しくいただいています。

でも、朝食と昼食の時間帯はとても忙しいので、なかなか料理に時間をかけることができません。コーヒーとプロテインのソフトドリンクで済ますことがほとんどです。チョコレートも大好きなので食べます。私の場合、バランスのとれた食事ができるのは夕食だけともいえます。

1日1食の食事では、どうしても**ビタミン不足**に陥りがちです。**それを補うために活用しているのがサプリメント**です。朝晩1日2回、マルチビタミンとビタミンCを活用しています。

そうはいっても、ときどき飲み忘れます。それでも、私は老け顔にはなっていないので、あまり深刻に「飲まなきゃ！」「食べなきゃ！」と考える必要はないと思います。**ストレスも、活性酸素を増やして肌に悪影響を与えます。**

みなさんも、無理のない方法で、ビタミンをとるようにしましょう。

お肌を守ってしわを防ぐには〝保湿〟が大切

昨年来のコロナ禍で、マスクの長時間の着用によって「老け顔」のみならず「肌荒れ」に悩む声もよく聞くようになりました。肌がガサガサしたり、ブツブツと湿疹が生じたり……。

マスクの不織布の摩擦は、お肌の表面の皮脂を減少させます。また、不織布の刺激による炎症や細菌類などのアタックで、長時間のマスク着用は、肌にダメージを与えると考えられます。

先程もお話をしましたが、皮脂の分泌は加齢とともに減少します。皮脂が少ないと肌のバリア機能は低下し、肌の水分も蒸発しやすくなります。肌はカサカサになり、皮膚の表面の角層のバリア機能も壊れ、不織布の刺激や細菌のアタックを受けやすくなるのです。

美肌の潤いとバリア機能を維持するため「保湿」も大切といえます。

一般的に、お顔を洗うと皮脂も一緒に流れてしまうので、洗顔後の化粧水や乳液などの基礎化粧品を使って「保湿」も蘇らせるのは、美肌キープの基本でしょう。さらに、フェイスパックでお肌への栄養や保湿力を高める方もいます。

私も両手に化粧水や乳液を出して、洗顔後にたっぷり顔につけています。

学会発表前などに徹夜で仕事をしていると、翌朝は肌が疲れて乾燥しています。そんなときには、普段よりもたっぷりつけてフェイスパック。といいたいところですが、フェイスパックが常に手元にあるわけではありません。

「買い忘れちゃった」といったときには、調理用のラップを適当に切り、鼻の穴や口、目は塞がないようにして、化粧水や乳液を使用した直後にペタペタと貼り付けて3～5分放置していると、化粧水や乳液が肌にジワーッとしみ込みます。

病院の診療で長時間のマスク着用をしていると、頬骨の付近や目の下辺りが、不織布との摩擦でガサガサになりがちです。帰宅後に、手洗いうがいの後に、すぐに洗顔もして、化粧水や乳液をたっぷりつけて「ラップパック」。

乾燥しやすい冬場は、顔パックをよく行います。自家製「ラップパック」は安価なので普段使いに便利です。

「今日はバッチリ肌を整えたい」というときは市販のフェイスパックを使うなど、日によって使い分けるのも一考でしょう。

仕事関係でお会いした50代の方が、マスクから出ている目の周辺の小じわに悩んでおられました。長時間のマスクの着用もさることながら、エアコンなどで目の周辺が乾燥して小じわが生じやすくなっていたのです。

「化粧水と乳液を混ぜてたっぷりつけて、ラップパックをつけるといいですよ」

このようにお話をしたところ、早速、その夜から実践されたそうです。すると、約1か月後にお目にかかったときに、目の周辺の小じわが消えていました。

「奥田先生のおっしゃるとおり、ラップパックをしたら、目の周りの小じわがなくなりました！」と、嬉しそうにお話をされていました。

ちょっとした小じわならば、たっぷりの保湿で改善できます。肌を乾燥させないことを意識しましょう。

お肌の表面の潤いを維持する一方、体内から水分を補うことも重要です。

酷暑の夏は脱水症予防のため、こまめな水分補給が推奨されていますが、涼しくなると忘れられがちです。夏場ほどではないにしても、秋から春にかけても、こまめな水分補給は重要といえます。体内の水分保有量は加齢に伴い減少するといわれているからです。**水分が不足すると血液循環が落ちて、新陳代謝も悪くなります。**

新陳代謝は、古い細胞や組織を新しいものに換えることを意味します。古い細胞や組織は排せつされて、新しいものに生まれ変わります。体内に入った水分が尿や汗、皮膚の蒸発などで排せつされるときには、老廃物も一緒に体外へ運び出しているのです。

水分不足の状態では、その能力が落ちてしまいます。老廃物が体内にたまったままでは細胞がダメージを受けるため、老化につながるのです。体内の水分不足はよくありません。

季節を問わずに、こまめに水分を補給することは重要といえます。

真夏は冷たいミネラルウォーターや緑茶を30分～1時間に1回はコップ1杯。秋から春も、1時間に1回程度は、コップ半分から1杯の水分補給を心掛けましょう。

秋から春にかけての季節は、温かい飲み物がお勧めです。

温かい飲み物を飲むと基礎代謝が上がります。基礎代謝は、就寝中やジッと座って動かいないときにも消費されるエネルギーのことです。温かい飲み物を飲むと体内のエネルギー産生が向上するのです。

基礎代謝が上がると平均体温も上昇傾向になります。細胞が活性化するには、いわゆる平熱が36度台の後半がよいといわれています。基礎代謝が下がっているとエネルギー産生が悪いため、平熱が35度台に留まりやすく、免疫細胞の働きも下げるといわれています。もちろん、余分な脂肪を燃焼する働きも弱まります。

基礎代謝が上がると、余分なお腹の肉、「垂れ頬」や「二重あご」などの脂肪も燃焼させやすくなります。温かい飲み物をとるようにしましょう。とはいえ、熱すぎる飲み物は避けた方が無難です。口やのど、食道などの粘膜は、アツアツの飲食でダメージを受けやすいのです。熱すぎる飲み物や料理は冷ましてから、人肌程度の温かい飲食を心掛けましょう。

冬でも紫外線対策を。がんばり過ぎずに肌の老化を防ぎましょう！

紫外線は肌にとって大敵です。皮膚の細胞を傷つけ、しわ、シミ、たるみの後押しをします。真夏はもとより、冬場でも太陽光が強い日には、日焼け止めをしっかり顔に塗って外出するようにしましょう。**私が常に心掛けているのは、たっぷりの化粧水や乳液での保湿と、外出時に欠かさない日焼け止めの活用です。**

外出するときに日傘を活用したいのですが、医療機関での仕事中は日傘を持ち歩くことはありません。そのため、日焼け止めをこまめに顔に塗るようにしています。外出先でも屋外に出るときには、必ずひと塗り。そして、帰宅後の洗顔と保湿。それが美肌キープに欠かせないと体感しています。肌の老化は年を重ねるごとに、不規則な食生活や睡眠不足などの生活環境の変化で感じやすくなりますが、ちょっとした工夫で若々しい肌を維持することは可能といえます。**肌の状態、表情筋、表在性筋膜、皮下の脂肪組織、この４つを意識するだけで「老け顔」が撃退できるのです。もう年だ**

からと諦める必要はありません。

すでに若い頃から紫外線を浴び続けてすでにお肌がダメージを受けている人も、今日から紫外線対策と「カオキン体操」などに取り組んではいかがでしょうか。

といってもがんばり過ぎることはお勧めしません。

不慣れなことに取り組むとストレスを感じやすいでしょう。昨年来のコロナ禍での生活環境の変化で、すでに過度なストレスを抱え続けている方もいるでしょう。**過度なストレスは体内の活性酸素を増やします。**

先程もお話をしたように、活性酸素が増えすぎるとお肌の細胞もダメージを受けてよくありません。すでに昨年来受け続けているコロナ禍の生活環境の変化に伴うストレスは、ご自身では逃れることが難しいでしょう。ならば、他のことではなるべくストレスを軽減することを考えるのが得策です。

老け顔撃退も、ストレスを感じない程度のゆる〜い努力で取り組んでいただきたいと思います。無理せず、楽しく「カオキン体操」で、同世代の方々から「若いね!」といわれるようになりたいですね。

いかがでしたか？
あなたなら
できる。
挑戦してね。

まとめ

人生100年時代に突入しました。100歳以上の人口は8万人を超え、保険制度などで65歳〜74歳は前期高齢者といわれますが、高齢者と呼ぶのもはばかられるほど、若くて精力的に活動されておられる方はたくさんいます。定年制度も70代まで引き上げられる方向で国の制度が進んでいくでしょう。今後、いくつになっても健康で若々しく過ごすことに対するニーズは、さらに高まってくると思います。それは単に身体が丈夫ということではなく、見た目にも若さを保つという願いもあるでしょう。

医学の進歩は、これまで多くの病気を克服してきました。医学の進展で病気を治すことができるため、寿命を長く延ばすことが可能になったともいえます。

急速に発展した医学は、若さについての研究も発展させています。私が取り組む顔面加齢の画像診断の研究では、どのようにアプローチをすれば、若々しい顔を取り戻すことができるのか、維持できるのか、さまざまな角度から新しい知見を明らかにしています。その医学の発展は、今も継続中なのです。

私は、日本抗加齢学会認定専門医であり日本美容外科学会後援メディカルスキンケアスペシャリストです。資格を活かし医学的なスキンケアの啓蒙活動にも力を注いでいます。**科学的な根拠のある若返りは、今後さらに必要とされるであろう分野と考えています。このような研究を推進していくうちに、いずれ、「老け顔」という言葉が死語になると良いなと思います。そうなる後押しをしたいと考えています。**

昨年来のコロナ禍の未曽有の災禍では、今も多くの方が苦しまれています。私も大学病院に勤務しており、患者様の問診の手伝いをすることもあるので、心が痛みます。しかし、新型コロナウイルス感染症も、ワクチンや治療薬の開発で、いずれは封じ込むことができると信じています。

この危機を乗り越えた先の未来、そこには若々しいお顔の健康長寿の人々が増えていることを願ってやみません。みなさまの若さの維持と健康を祈りながら筆を置きます。新しい時代が、輝きますように。

晩秋の赤羽橋にて

〈参考資料〉
・画像診断 Vol.37 No.1 2017
・アンチ・エイジング医学ー日本抗加齢医学会雑誌 Vol.13No.1
・COSMETIC STAGE Vol.8.No5.2014
・雑誌「ハルメク」2020年6月号
・厚生労働省「2019年　国民生活基礎調査の結果の概要」
・厚生労働省「令和元年国民健康・栄養調査報告」
・厚生労働省「e- ヘルスネット」

奥田逸子　おくだ いつこ　医師･医学博士

略歴：
川崎医科大学卒業後、国家公務員共済組合連合会虎の門病院。
2010 年　国際医療福祉大学三田病院　放射線診断センター　准教授
　　　　鈴鹿医療科学大学　医療科学研究科　客員教授　（兼務）
2014 年　東京医科歯科大学　臨床解剖学分野　非常勤講師（兼務）
2015 年　聖マリアンナ医科大学　放射線医学講座　客員教授（兼務）
2017 年　慶應義塾大学医学部　放射線診断科　非常勤講師　（兼務）

保有資格・所属学会：
・放射線科専門医
・日本核医学会専門医、PET 認定医
・日本抗加齢医学会専門医
・日本美容外科学会後援メディカルスキンケアスペシャリスト（MSCS）ドクター
・日本香粧品学会評議員・学術委員
・日本解剖学会会員
・日本乳癌学会認定医
・日本乳癌検診学会評議員
・日本体育協会認定スポーツドクター
・日本医師会認定健康スポーツ医
・Radiological Society of North America（北米放射線学会）会員

加齢画像研究所 ONI ホームページ
https://www.oni-labo.org/

撮影　廣瀬靖士
編集協力　安達純子
イラスト　久保木侑里

すぐ実感!「マイナス10歳」カオキン体操

発行日　2021年12月22日　第一刷発行
著者　奥田逸子
編集人　発行人　阿蘇品 蔵
発行所　株式会社青志社
〒107-0052　東京都港区赤坂5-5-9　赤坂スバルビル6階
（編集・営業）
TEL:03-5574-8511　FAX:03-5574-8512
http://www.seishisha.co.jp/

本文組版　株式会社キャップス
印刷・製本　中央精版印刷株式会社

ISBN 978-4-86590-122-1 C0095